더 리더

THE
LEADER

THE **LEADER** 더 리더

펴낸날   **초판 1쇄** 2025년 1월 22일

지은이   이인규 · 한지민 · 김지혜 · 오지민 · 이주란

펴낸이   강진수
편 집   김은숙, 설윤경
디자인   Stellalala_d

인 쇄   (주)사피엔스컬쳐

펴낸곳   (주)북스고   **출판등록**   제2024-000055호 2024년 7월 17일
주 소   서울시 서대문구 서소문로 27, 2층 214호
전 화   (02) 6403-0042   **팩 스**   (02) 6499-1053

ISBN   979-11-6760-094-3   03320

책 출간을 원하시는 분은 이메일 booksgo@naver.com로 간단한 개요와 취지, 연락처 등을 보내주세요.
Booksgo는 건강하고 행복한 삶을 위한 가치 있는 콘텐츠를 만듭니다.

더 리더
THE
LEADER

최고의 성공을 만드는 새로운 리더십

이인규 · 한지민 · 김지혜 · 오지민 · 이주란 지음

Booksgo

AI 시대에 살고 있는 리더를 위한 성장의 나침반

시인 김춘수는 〈꽃〉에서, 이름을 불러 주기 전에는 단순한 몸짓에 불과했던 존재가 이름을 부르는 순간 비로소 꽃으로 피어나는 모습을 아름답게 그려 냅니다. 존재가 본질적으로 변화하고 그 의미가 새롭게 정의되는 순간의 놀라움과 감동을 잘 담고 있습니다.

기술의 세계도 크게 다르지 않습니다. 새로운 발명과 혁신을 통해 사물이나 개념이 새롭게 정의되고 특별한 의미를 부여받는 과정은 이 시에서 묘사된 변화와 닮았습니다. 기술은 단순한 도구나 개념에서 시작해 새로운 의미를 부여받고 본질적으로 변화하며, 우리의 삶 속에서 '꽃'처럼 특별한 존재로 자리 잡는 과정을 반복한다고 볼 수 있습니다.

한때 휴대폰은 단순한 통신 수단에 지나지 않았지만, 스티브 잡스가 아이폰을 출시하면서 휴대폰은 새로운 차원의 업무 도구이자 현대인의 일상에 없어서는 안 될 필수품으로 재정의된 것처럼 말이죠. 마찬가지로 샘 올트먼이 챗GPT를 출시하기 전까지 생성형 AI는 그저 흥미로운 기술로 여겨졌지만, 챗GPT가 세상에 등장한 후 생성형 AI는 업무 방식을 혁신적으로 변화시키며 기업과 리더에게 새로운 도전과 질문을 던지기 시작했습니다.

> **어떻게 적응할 것인가?**
> **리더로서 나는 어떤 방향으로 변화해야 하는가?**

변화의 속도는 점점 빨라지고 있습니다. 기존의 리더십 방식은 더 이상 오늘날 시대의 요구를 따라가지 못할 때가 많아졌습니다. 생성형 AI가 기업의 문제 해결 방식, 커뮤니케이션 틀, 업무 효율화 전략을 근본적으로 바꾸고 있는 것처럼 말이죠. 이제 리더는 단순히 지휘하는 관리자에서 벗어나, 변화의 중심에서 방향을 제시하고 구성원과 함께 성장해야 하는 새로운 역할을 요구받고 있습니다.

하지만 이런 변화는 리더에게 새로운 도전과 과제로 다가옵니다. 변화하는 도구와 패러다임에 적응해야 한다는 압박감, 조직과 구성원을 성공적으로 이끌어야 한다는 막중한 책임감이 리더에게 무겁게 다가올 수밖에 없습니다. 그러니 이런 현실 속에서 리더가 되는 것은 선택이 아닌 책임의 무게로 다가오는 것입니다.

리더는 조직에 없어서는 안 될 중요한 존재입니다. 리더는 구성원의 잠재력을 발견하고 끌어내며 조직의 목표를 향해 구성원과 함께 궁극적으로 조직과 팀의 성공을 책임지는 핵심적인 역할을 하기 때문입니다. 이 책은 그러한 리더를 위한 실질적인 도움을 제공합니다.

신임 리더가 직면하는 도전과 실질적인 문제를 해결할 수 있는 전략과 도구를 제공하며, 리더십의 여정을 두려움이 아닌 성장과 성취의 기회로 바꿀 수 있도록 돕는 데 초점을 맞추고 있습니다. 급변하는 시대 속에서 리더로 구성원의 성장을 지원하고 조직의 성과를 극대화할 방법을 고민하는 모든 리더에게 실질적인 지침과 사례를 담아 유용한 길잡이가 되어 줄 것입니다.

더 나은 리더가 되기 위한 여정에서 이 책이 든든한 동반자가 되길 바랍니다.

경험에서 길어 올린 통찰, 함께하는 다섯 전문가의 이야기

이 책은 단순히 이론만 나열한 것은 아닙니다. 그렇다고 실무만을 나열하지도 않았습니다. 다양한 배경과 경험을 가진 다섯 명의 전문가가 자신들의 이야기를 바탕으로 MZ세대와 기성세대를 아우르는 리더십 성장 전략을 제시합니다.

● 이인규 저자는 AI 푸드테크 전문기업 허닭의 인사팀장으로 시작하여 4개 사의 합병 후 통합 업무를 수행하는 과정에서 디지털 혁신 팀장으로서 업무 효율화 작업을 수행하며 업무 효율화 및 리더의 중요성을 체감했습니다. 현재는 AI 기반 평판 조회 솔루션 전문기업 웨이플Weiple, www.weiple.co.kr을 운영하고 공공기관 채용 문항 설계 및 면접관 업무를 수행하며 AI 시대의 리더가 올바르게 직원을 관리하는 방법을 고민했습니다.

● 한지민 저자는 렌탈 서비스 대기업에서 20년간 교육 및 서비스 업무에 종사하며 100명 이상 대규모 팀과 5명 이하 소규모 팀 등 다양한 조직 경험을 통해 리더와 구성원의 역할과 성과 관리, 갈등 관리가 얼마나 중요한지 체감하였습니다. 조직 성장을 위한 혁신적인 방법 도입을 통해 다양한 문제를 해결하며, 현장 조직 교육팀장의 경험과 리더십 전문 부서에서의 경험으로 다양성이 있는 조직 안에서 리더가 마주칠 수 있는 실질적 고민과 해결 전략을 고민했습니다.

● 김지혜 저자는 이마트 외 여러 기업에서 인사, 교육, 영업을 경험한 후 공공기관과 사기업에서 면접 전문 위원 및 리더십 강사로 활동하며 위즈덤인사이트코칭의 대표로서 개인과 조직의 성장을 지원하고 있습니다. 리더가 구성원과 조직의 잠재력을 어떻게 발견하고 키워 낼 수 있는지 구체적인 사례를 공유합니다.

● 오지민 저자는 외식기업에서 기성세대부터 MZ세대에 이르기까지 다양한 세대를 대상으로 교육을 맡았던 경험을 바탕으로 현재 대학에서 교육 콘텐츠 기획, 제작 업무를 담당하고 있습니다. 그녀는 조직의 구성원을 성장시키기 위한 리더의 역할을 고민해 왔으며 그동안의 경험을 기반으로 조직에서 적용할 수 있는 바람직한 리더의 모습을 제안합니다.

● 이주란 저자는 24년간 국내외 대기업, 중견기업 등 다양한 조직을 거치며 교육과 인사기획을 담당하였습니다. 기업 내에서 성과 관리 프로세스와 리더 육성을 담당하면서 준비된 리더와 그렇지 못한 리더가 조직 문

화와 성과에 미치는 영향을 경험하게 되었습니다. 홈플러스 교육 파트장, 국내 5성급 호텔의 교육팀장으로 실전 경험을 바탕으로 신임 리더가 빠지기 쉬운 오류를 잘 피하고 빠르게 온보딩 할 수 있는 A to Z를 전달하고 싶은 마음을 담아 집필하였습니다.

WHY-WHAT-HOW에 기반한 리더의 WAY

리더십은 단순히 기술이나 지식으로 이루어지지 않습니다. 진정한 리더십은 자기 자신을 깊이 들여다보고, 자신이 걸어온 길과 앞으로 나아가야 할 방향을 성찰하는 데서 시작됩니다. 이 책은 리더가 스스로 던져야 할 핵심적인 질문들로 가득합니다.

WHY **"왜 리더가 되었는가?"**
리더의 자리에서 겪는 어려움 속에서도, 나를 이 자리에 서게 한 이유와 목적은 무엇인가를 돌아보게 합니다.

WHAT **"어떤 리더(팀)의 모습을 원하는가?"**
리더가 그리는 이상적인 팀의 모습은 구성원과의 관계, 팀의 문화 그리고 목표에 대한 비전을 구체화할 수 있게 합니다.

HOW **"어떤 리더로 남길 바라는가?"**
이 질문은 단지 리더로서의 행동뿐만 아니라 리더의 영향력과 유산에 대한 고민을 요구합니다.

이 질문들은 리더로서 해야 할 역할을 단순히 수행하기 위한 지침이 아닙니다. 오히려 리더로서의 정체성을 확립하고, 자신의 비전과 철학을 명확히 하며 구성원과의 관계를 새롭게 정의하는 계기를 제공합니다. 리더십은 고정된 정답이 아니라 끊임없이 고민하고 성장해 가는 과정입니다. 이러한 질문을 통해 리더는 자기 내면을 탐구하고, 더 나아가 조직과 구성원에게 긍정적인 변화를 끌어낼 수 있는 리더로 거듭날 수 있습니다.

생성형 AI 시대, 새로운 리더의 지침서

이 책은 리더 자신을 지키고 구성원을 성장시키며 조직과 사회에 긍정적인 영향을 미치는 리더가 되는 데 필요한 모든 것을 담고자 했습니다. 이 시대의 리더는 단순히 지시하는 관리자가 아니라 구성원의 잠재력을 끌어내고 팀의 목표를 함께 이루는 코치이자 멘토여야 합니다. 이 책이 여러분의 리더십 여정에 작은 나침반이 되기를 바랍니다.

추천사

AI 시대에 새로운 리더의 모습을 그려 볼 수 있는 소중한 책입니다. 특히 저자들이 다양한 경험을 공유하며 그들의 집단지성을 통해 내용이 구성된 만큼 여러 측면에서 진정한 리더십을 성찰하고 설계할 수 있는 기회를 독자에게 제공하고 있습니다. 첫 장에서 왜WHY라는 질문을 통해 독자 스스로 자신을 성찰할 수 있게 하였으며, 리더로서 이상적인 모습을 꿈꾸기 위해 무엇WHAT을 어떻게HOW 할 것인가에 대한 나침반을 제공하고 있습니다. 저자들의 다양하고 소중한 경험을 기반으로 AI 시대 새로운 리더의 지침서로 적극 추천합니다.

고려대학교 교육대학원 기업교육 전공 주임교수 및 HRD정책연구소 소장 조대연

이 책은 리더십의 핵심이 사람과의 관계라는 점을 강조하며 구성원과의 신뢰구축과 동기부여를 통한 팀 성장의 방법을 제시하고, 감정 지능을 바탕으로 한 소통과 공감의 리더십을 통해 구성원의 잠재력을 끌어내는 방법을 상세히 다룹니다. AI 시대에도 인간 중심의 가치를 유지하면서 기술을 효과적으로 활용하는 새로운 리더십 패러다임을 소개하고, 현대 리더가 갖춰야 할 핵심 역량을 체계적으로 설명합니다. 실제 사례와 구체적인 실천 전략을 통해 현장에서 즉시 활용할 수 있는 실용적인 리더십 가이드를 제공하여, 리더들이 변화하는 시대에 맞춰 성장할 수 있도록 돕습니다.

호서대학교 경영대학원 원장 및 경영대학 학장 한수진

AI와 디지털 기술이 발전하면서 리더십도 변화해야 한다는 사실을 이 책은 강렬하게 알려 줍니다. 리더십 역시 새로운 환경에 적응해야 하고, 변화 속에서도 구성원과 신뢰를 유지하며 목표를 이끄는 방법을 명확히 제시합니다. 특히 기술과 사람을 조화롭게 연결하는 리더십의 필요성을 실감할 수 있었습니다. 시시각각 변화에 대한 두려움 대신 도전으로 받아들일 수 있도록 용기를 주는 책입니다. 이 책은 변화의 시대를 이끌어 갈 리더들에게 필독서라 할 수 있습니다.

허닭 부사장 권오준

팀원과 함께 성장하고자 하는 리더에게 이 책은 큰 도움을 줍니다. 구성원의 잠재력을 발견하고 이를 키워 나가는 과정이 세세히 설명되어 있습니다. 사람 중심의 리더십이 왜 중요한지를 설득력 있게 보여 주며, 팀의 성공과 개인의 성장을 동시에 이룰 수 있는 방법을 제시합니다. 실천 가능한 팁들이 가득해 읽고 바로 적용할 수 있습니다. 리더와 팀원 모두에게 긍정적인 변화를 가져다주는 책입니다. 특히 신규 리더는 이 책을 통해서 시행착오를 줄일 수 있고 기존 리더 역시 이 책을 통해 지속 성장을 할 수 있는 필독서입니다.

코웨이 1사업기획실 실장 이웅

AI 기술의 빠른 발전에도 불구하고 의사 결정, 혁신, 창의적인 문제 해결은 여전히 사람인 리더의 역할입니다. AI 시대 리더십이 주목받는 이유는 감성적 이해, 사람 간의 협력과 소통이 그 어느 때보다도 중요해졌기 때문입니다. 그런 면에서 이 책은 조직의 성과를 만들어 내는 일뿐 아니라 자신의 한계를 뛰어넘어 더 큰 성장을 이루는 데에 길잡이가 되어 줄 수 있는 책입니다. 챕터마다 우리에게 던져지는 Leader's Tip을 통해 질문하고, 내 안의 답을 찾아가는 과정을 거치다 보면 더 멋진 리더로 성장한 자신의 모습을 볼 수 있을 거라 확신합니다.

한국해양교통안전공단 교육법무지원단 부단장 정영심

CONTENTS

03 리더의 HOW
: 어떤 리더로 남길 바라는가

01

리더의
WHY

·

왜 리더가 되었는가

리더라는 슈퍼 히어로, 오늘도 출근합니다

리더십과 역할, 리더의 도약

리더십은 시대와 환경의 변화에 따라 끊임없이 진화해 왔습니다. 과거에는 리더가 명령을 내리고 조직을 통제하는 전통적인 리더십 스타일이 중심을 이루었다면, 현재의 리더십은 유연성과 공감을 바탕으로 협력하며 변화에 적응하고 팀의 잠재력을 끌어내는 방식으로 전환되고 있습니다. 빠르게 발전하는 기술, 글로벌화 그리고 다양성과 포용성에 대한 요구가 증가하면서 리더의 역할과 스타일도 변화하게 된 것이죠.

특히 코로나19 팬데믹과 AI 기술의 발전은 일하는 환경과 방식을 완전히 뒤바꿔 놓았고, 이 과정에서 '업무 효율화'라는 키워드를 중심으로 리더의 역할과 방향성에도 큰 변화가 일어나게 되었습니다. 과거의 리더가 명령을 내리고 통제하는 역할에 초점을 맞췄다면, 오늘날의 리더는 구성원과 협력하고 소통하며 문제를 함께 해결하는 조력자의 역할이 강조되고 있는 것이죠. 구성원은 이제 단순히 지시에 따르는 수동적인 존재가 아니라 자신의 역할을 스스로 설정하고 창의적인 해결책을 제안할 수 있는 능동적인 파트너로 자리 잡았습니다.

구성원은 이제 스스로 문제를 해결하며 자기 일에 대한 명확한 목적과 의미를 찾고자 합니다. 그러나 리더가 이러한 변화를 충분히 이해하고 효과적으로 지원하지 못한다면, 구성원이 리더를 뛰어넘는 방식으로 행동하거나 대응하려는 모습을 보게 되는 것이 오늘날의 현실입니다. 그러니 현대의 리더는 단순히 명령을 내리는 존재를 넘어 구성원과 함께 성장하며 그들의 잠재력을 끌어내는 조력자로 변화하는 것이 당연한 흐름입니다.

리더십은 조직의 성과와 문화를 형성하는 데 있어 핵심적인 역할을 합니다. 특히 리더십은 조직의 지속 가능성과 경쟁력을 확보하기 위해 끊임없이 새로운 형태로 진화하고 있다는 점이 중요합니다. 현재 주목받고 있는 리더십의 특징을 살펴보면, 오늘날 조직이 필요로 하는 리더의 모습과 역할이 더욱 명확히 드러납니다. 그렇다면 최근 주목받고 있는 리더십의 특징은 무엇일까요?

최근 학회와 기업 관리자 대상의 리더십 세미나에서는 공유 리더십 Shared Leadership, 참여적 리더십 Participative Leadership과 같은 협력 중심의 리더십 모델이 큰 주목을 받고 있습니다. 공유 리더십은 팀 내에서 특정 개인이 아닌 여러 구성원이 필요에 따라 리더 역할을 공유하는 형태를 의미합니다. 반면 참여적 리더십은 리더가 구성원의 의견을 적극적으로 수렴하고, 의사 결정 과정에 구성원이 주체적으로 참여하도록 이끄는 방식을 강조하죠. 이러한 모델들은 권한을 분산하고 구성원의 적극적인 참여를 장려하여 급변하는 환경 속에서도 조직이 유연성과 혁신성을 유지할 수 있도록 돕는 것에 초점을 두고 있습니다. 이는 곧 구성원을 신뢰하며 조율하고 변화의 방향성을 제시하며 조직 내 협력 문화를 이끌어갈 수 있는 리더가 필요하다는 뜻과 같습니다.

조직은 점점 더 협력과 참여를 중심으로 발전하고 있습니다. 구성원이 스스로 주도적으로 참여하며, 각자의 역량과 창의성을 발휘할 수 있는 환경을 조성하는 것이 중요한 것이죠. 이를 실현하기 위해서 리더의 역할 또한 변화를 요구받고 있는 것입니다. 리더는 더 이상 단순히 지시하고 통제하는 존재가 아니라 구성원의 협력과 참여를 효과적으로 끌어내는 조력자이자 촉진자의 역할을 해야 합니다.

하지만 리더로서 변화와 도전은 현실에서 여전히 냉혹하게 다가옵니다. 조력자이자 촉진자로서 협력과 참여를 중심으로 조직과 팀 문화를 구축하려 노력하더라도 현실에서는 다양한 제약과 도전에 부딪히기 때문입니다. 오래된 관습, 구성원 간 갈등, 변화에 대한 저항 등 리더의 변화와 도전에는 많은 걸림돌이 있습니다.

그래서일까요? 오늘날 많은 조직에서 직원들이 리더로의 승진을 꺼리는 현상이 나타나고 있습니다. 일명 언보싱Unbossing 현상은 직장에서 구성원이 중간관리자나 리더로 승진하는 것을 꺼리는 것을 말합니다. 직책 수당과 각종 혜택을 회사에서 제공하지만 리더가 되는 것을 꺼리고 있는 거죠. 조직 내에서 승진을 꺼리는 이유로 조직 내에서 성공보다는 개인의 성장에 시간을 쓰는 것을 선호하고, 자유롭게 일하는 것을 원하는 등의 이유도 있겠지만, 아마도 리더가 되었을 때 감당해야 할 책임과 스트레스가 너무 크기 때문일 것입니다.

> ## 처음 리더가 되었을 때 어땠나요?

"리더가 된다니, 그동안의 고생을 보상받는 것 같아 정말 뿌듯하고 기쁩니다. 그런데 말이죠…"

리더가 되었을 때를 떠올려 보면, 처음에는 뿌듯함과 기쁨이 가득했다가도 동시에 걱정이 앞서기도 했을 겁니다. 구성원일 때 리더의 모습을 관찰하고, 여러 리더를 경험하면서 '만약 리더가 된다면 이렇게 팀을 꾸려야지, 이런 행동은 절대 하지 말아야지'라고 다짐하며 이상적인 리더의 모습을 그려 보기도 했겠지요. 그러나 막상 리더가 되고 나니, 생각만큼 쉽지 않다는 것을 실감하게 됩니다. 그리고 어떻게 구성원을 이끌고 관리해야 할지에 대한 고민이 끊이지 않아 혼란스럽고 당황스럽기까지 합니다. 게다가 이제는 조력자이자 촉진자의 역할까지 요구되고 있는 시점에서 리더로서 내가 무엇을 해야 하고, 어떻게 구성원을 관리하고 이끌어야 할지 고민이 더욱 깊어질 수밖에 없습니다.

처음 리더가 되고 나서 좋은 리더가 되기 위해 여러 가지 노력을 기울였을 겁니다. 구성원 한 명, 한 명에 대해 알아가며 관계를 쌓고, 팀의 성과를 위한 목표를 설정하거나 조직과 자기 관리를 위한 전략들을 고민했을 거예요. 그러나 조직은 늘 빠르게 변화하는 상황에 신속하게 대응하기를 요구하고 조직의 목표는 늘 달성하기 어려운 수준으로 주어지고는 합니다. 더욱이 구성원 개개인의 경험과 보유한 역량이 모두 달라 리더로서 이 다양한 구성원을 이끌어 어려운 수준의 목표를 달성해야 한다는 책임감은 때론 큰 부담으로 다가오기도 합니다.

몇 년 전, 신임 팀장 교육에서 만났던 사람과 최근 강의장에서 다시 만나 나눈 이야기입니다. 당시 그 사람과 팀장으로 승진한 초기의 어려움에 대해 고민을 나눴던 기억이 있습니다. 이번 만남에서는 그간의 경험을 바탕으로 리더로서의 고민과 이를 통해 얻은 깨달음에 대해 더욱 깊이 있게 대화할 수 있었습니다.

그는 뛰어난 실적을 인정받아 팀장으로 승진했지만, 팀장이라는 새로운 역할이 개인적인 성과와는 전혀 다른 차원의 도전을 요구한다는 것을 절실히 깨달았다고 했습니다. 팀장으로 구성원을 동기부여하고 갈등을 조정하며 팀의 목표를 달성하기 위한 전략적 의사 결정을 내려야 하는 책임감의 무게를 깊이 실감했고, 그 과정에서 오는 심리적 부담과 잘못된 결정을 내릴지도 모른다는 두려움 그리고 조직의 높은 기대치 속에서 방향을 잃고 혼란스러웠던 순간들이 많았다고 솔직히 털어놓았습니다. 그러면서 묻더군요.

"좋은 리더란 어떤 리더인가요? 아니, 어떤 사람이 리더가 되어야 하는 걸까요?"

이야기를 들으면서 그가 리더로 성장하는 과정에서 마주하게 된 어려움과 배움의 순간들이 얼마나 생생하고 의미가 있었는지 느낄 수 있었습니다. 그래서 저는 이렇게 이야기했습니다.

"이런 고민을 진지하게 하고 있는 팀장님 같은 분이야말로 진정으로 리더가 되어야 하는 분이죠."

리더가 된다는 것은 단순히 직책이 높아지는 것이 아닙니다. 이제는 더 이상 혼자만의 성과를 내는 것에 그치지 않고, 구성원의 성장을 지원하며 조직 전체의 성공을 책임지는 위치에 서게 되는 것입니다. 구성원 시절에는 자기 일만 잘해도 충분히 인정받을 수 있었지만, 리더는 다른 사람까지도 일을 잘할 수 있도록 돕는 것이 진정한 성과로 평가되기 때문입니다. 단순히 한 단계 올라가는 것이 아니라 여러 단계를 뛰어넘는 수준의 역량과 책임감을 요구합니다.

리더의 역할은 권한과 책임감이 동시에 주어지는, 매우 중요하고도 무거운 역할을 뜻합니다. 그래서 이런 말이 있지요.

"리더는 되고 싶다고 해서 누구나 될 수 있는 것도, 쉽게 주어지는 것도 아니다."

리더십은 단순한 승진이 아니라 사람과 조직을 이끌어 가는 더 큰 책임과 도전을 받아들이는 과정입니다. 리더로서 마주하는 과제와 도전에 대해 누군가 정답을 제시해 주는 일은 없습니다. 리더십은 단순한 기술로 이루어지는 것이 아니라 경험을 통해 다듬어지고, 여러 시행착오를 통해 스스로 깨닫고 성장해 가는 과정이 있어야 하기 때문입니다.

더 나은 모습으로 변화하고자 하는 리더는 지속적인 배움과 자기 인식을 통해 자신만의 리더십을 만들어 더 나은 방향으로 성장할 수 있습니다. 변화와 성장을 향한 의지가 있다면, 리더는 언제나 더 나은 방향으로 나아갈 가능성을 열어 둘 수 있습니다. 스스로 배우고 성장하며 끊임없이 개선해 나가는 여정입니다.

결국 리더십은 행동에서 그 가치를 증명합니다. 아무리 훌륭한 생각도 행동으로 옮기지 않으면 변화를 만들 수 없습니다. 경험과 시행착오를 통해 배우고 성장하려는 의지를 갖춘 리더만이 자신뿐만 아니라 함께하는 구성원에게도 긍정적인 영향을 미칠 수 있기 때문입니다.

이제 리더로서 더 나은 방향으로 나아갈 준비가 되었다면 첫걸음을 내디뎌 보세요. 변화는 실천에서 시작됩니다.

성과와 일하는 방식, 누가 누구를 바꾸는가

　과거의 리더십은 단순하고 명료했습니다. 리더는 조직의 방향을 정하고 구성원에게 '따라와!'라고 외치며 모든 결정을 내렸습니다. 하지만 지금은 상황이 전혀 달라졌습니다. 구성원은 이제 단순히 지시에 따르는 수동적인 존재가 아니라 자신의 역할을 주도적으로 설정하고 창의적인 해결책을 제안할 수 있는 능동적인 파트너가 되었습니다.

　더구나 디지털 기술과 챗GPT를 비롯한 생성형 AI가 업무 환경에 깊숙이 들어오면서 리더의 역할은 더욱 복잡해졌습니다. 리더가 이 변화를 이해하지 못하면 구성원보다 뒤처지거나 심지어 구성원으로부터 신뢰를 잃게 되는 상황이 벌어질 수 있습니다.

리더십 변화가 필요한 이유

오늘날 리더십이 변화해야 하는 이유는 단순합니다. 업무의 모든 단계에서 실시간 데이터 공유와 협업이 이루어지기 때문입니다. 예를 들어 AI 기반 프로젝트 관리 도구를 사용하면, 팀의 업무 진행 상황을 한눈에 볼 수 있고 즉각적으로 문제를 해결할 수 있습니다. 리더가 이런 도구를 이해하지 못하면 구성원의 속도를 따라가기 어려워질 겁니다.

우선 구성원이 리더에게 기대하는 부분이 변화하기 시작합니다. 구성원은 더 이상 지시를 받는 데 만족하지 않습니다. 그들은 스스로 문제를 해결하고, 자신의 업무에 대한 주인의식을 갖기 원합니다. 리더가 이를 지원하지 못하면 구성원은 리더를 넘어서려고 할 것입니다. 이는 디지털 세대 구성원의 습성에 현재 상황이 더해져 만들어진 결과값입니다. 리더는 이 변화에 대응할 수 있어야 합니다.

또한 효율성과 경쟁력이 요구됩니다. 생성형 AI는 단순 반복 업무를 자동화하며 조직이 더 빠르고 효율적으로 일할 수 있도록 돕습니다. 이미 생성형 AI가 업무 효율화에 있어 큰 역할을 한다는 것은 여러 실험을 통해 검증되었습니다. 앞으로 생성형 AI를 점점 더 깊이 들여올 것입니다. 이 기술은 새로운 기술이기 때문에 리더뿐만 아니라 구성원도 아직 제대로 이해하지 못하고 있습니다. 그래서 빠른 습득이 필요한 것이 사실입니다. 만약 이 기술을 제대로 활용하지 못한다면 리더는 팀의 발전을 저해하는 존재로 비칠 수 있습니다.

성과 창출 방식과 일하는 방식의 변화

과거의 리더는 구성원에게 명확한 지시를 내리고 구성원은 따르는 구조였습니다. 리더가 목표를 설정하고 구성원이 실행하여 성과가 도출되었습니다. 예를 들어 대규모 공공 프로젝트를 이끄는 리더는 구성원에게 세세한 작업 지시를 내리고, 주기적인 보고를 통해 성과를 감독했습니다. 이러한 방식은 단기적으로 빠른 결과를 내는 데 효과적이었지만, 구성원의 창의성과 자율성을 억제하는 결과를 낳기도 했습니다.

반면 요즘 리더십은 완전히 다른 방식을 요구합니다. 리더는 구성원에게 목표를 제시하는 동시에 그들이 스스로 문제를 해결할 수 있는 환경을 조성해야 합니다. 예를 들어 한 회사가 AI 프로그램을 활용하여 데이터를 분석하고 제품을 개선하는 아이디어를 도출하여 보고서까지 만들어 냈다고 가정하면, 과거의 리더는 단순히 지시를 내리는 역할만을 수행했을지도 모릅니다. 하지만 이제는 구성원과 협력하며 데이터 분석 결과를 함께 검토하고 방향성을 조율해야 합니다. 이 과정에서 구성원은 자신의 의견이 반영되고 있다는 것을 느끼며 더욱 적극적으로 참여할 것입니다.

또 다른 예로, 한 회사에서는 디지털 협업 도구를 도입해 원격 근무 환경에서도 리더와 구성원이 실시간으로 소통할 수 있도록 했습니다. 구성원은 매일 아침 PC를 열면 회사의 성과를 대시보드로 확인하며 회사의 현재 상태를 정량적 데이터로 정확히 지켜보며 하루를 시작합니다. 회사가 구성원에게 혹은 리더가 구성원에게 우리 회사의 경영 환경을 투명하게 오픈하는 의도이기도 합니다. 리더는 매일 구성원과 간단한 스탠드업 미팅(5분 브리핑)을 통해 업무 진행 상황을 점검하고, AI 도구를 활용해 구성원이 겪는 문제를 실시간으로 해결할 수 있는 지원책을 마련하기도 합니다. 이는 팀의 생산성을 높이는 동시에 구성원이 자율적으로 일할 수 있는 기반을 마련했습니다.

> **리더의 성과 창출 방식과 일하는 방식은 어떻게 변화해야 할까요?**

기술의 변화 속에서 세상이 빠르게 변하고 있고 리더의 역할도 그만큼 달라지고 있습니다. 과거에는 리더가 단순히 방향을 제시하고 구성원에게 지시를 내리는 사람이었다면, 이제는 구성원과 함께 일하며 그들의 성장을 돕고 기술을 활용해 팀을 이끄는 리더가 필요합니다. 디지털 기술과 생성형 AI가 업무의 속도와 방식을 완전히 바꿔 놓으며 현대의 리더는 새로운 역량을 요구받고 있습니다. 그렇다면 리더의 성과 창출과 일하는 방식의 관점에서 리더는 어떻게 변화해야 할까요?

첫째, 디지털 리터러시 역량을 키워야 합니다. 다시 말해 기술을 이해하고 활용할 줄 알아야 합니다. 지금은 기술을 모르면 리더로서 존재감을 잃기 쉬운 시대입니다. 디지털 도구와 생성형 AI를 잘 활용하면 업무를 효율적으로 진행할 수 있을 뿐만 아니라 구성원과의 소통도 훨씬 원활해질 수 있습니다.

예를 들어 AI 기반 프로젝트 관리 도구를 통해 구성원이 어떤 일을 하고 있는지 프로젝트는 어떻게 진행되고 있는지 실시간으로 파악할 수가 있습니다. 그 덕분에 리더는 '다들 어디까지 했나요?'라고 묻지 않아도 되고 필요한 부분을 즉각적으로 조정하거나 도움을 줄 수도 있습니다.

하지만 여기서 중요한 건 단순히 기술을 사용하기만 하는 것이 아닙니다. 리더는 구성원에게 디지털 도구 활용법을 가르치거나 기술이 제공하는 데이터를 바탕으로 더 나은 결정을 내릴 줄 알아야 합니다. 디지털 리터러시 역량은 리더십의 기본이자 팀을 이끄는 강력한 도구가 될 것입니다.

둘째, 구성원과 함께 성장해 가며 구성원의 조력자이자 멘토가 되어 줘야 합니다. 디지털 시대의 리더는 더 이상 단순히 지시를 내리는 사람이 아닙니다. 이제는 구성원 옆에 서서 문제를 함께 고민하고 그들이 스스로 해결할 수 있도록 돕는 조력자이자 멘토가 되어야 합니다.

예를 들어 구성원이 새로운 프로젝트를 맡고 어려움을 겪고 있다면 리더는 그들에게 정답을 알려 주는 대신 필요한 리소스를 찾아주거나 문제의 해결 방향을 제시할 수 있습니다. 이런 과정을 통해 구성원은 스스로 문제를 해결하는 법을 배우고 자신감을 얻을 수 있습니다.

또한 구성원이 더 열심히 일하도록 만드는 비결은 거창한 것이 아닙니다. 그들의 작은 성과를 인정하고, '잘하고 있어요'라는 한 마디를 아끼지 않는 것이죠. 칭찬과 피드백은 구성원에게 큰 동기부여가 될 뿐만 아니라 그들이 자기 일에 더 큰 의미를 느끼도록 만듭니다.

셋째, 구성원과 함께 일하며 신뢰를 쌓아 가야 합니다. 리더십은 신뢰에서 시작됩니다. 구성원은 리더가 자신들을 신뢰하고 자기의 역할을 투명하게 공유한다고 느낄 때 더 적극적으로 참여하게 됩니다. 디지털 도구는 이런 신뢰를 쌓는 데 큰 도움을 줄 수 있습니다.

예를 들어 협업 도구로 팀의 목표와 진행 상황을 모든 구성원과 공유하면, 각자가 자신의 역할을 정확히 이해할 수 있을 뿐만 아니라 팀 전체의 그림을 볼 수 있게 됩니다. 단순히 정보를 공유하는 것을 넘어 구성원이 팀 전체의 성과에 기여하고 있다는 소속감을 느끼게 만듭니다.

마찬가지로 구성원과 함께 문제를 해결하고, 그들의 의견을 적극적으로 반영하는 과정은 리더와 구성원 간의 신뢰를 강화합니다. 리더가 '이건 내가 결정할게'가 아니라 '이 부분은 너희와 같이 고민하고 싶어'라고 말할 때, 구성원은 자신이 팀의 중요한 구성원임을 느낄 것입니다.

구성원과 함께 성장하는 리더되기

디지털 시대의 리더십은 더 이상 혼자만의 리더십이 아닙니다. 리더는 기술을 이해하고 활용하며 구성원과 함께 성장하는 파트너가 되어야 합니다. 디지털 리터러시를 갖춘 리더는 팀의 성과를 더욱 효율적으로 관리할 수 있습니다. 구성원에게 조력자이자 멘토가 되어 그들의 잠재력을 끌어낼 수 있고, 협력과 투명성을 바탕으로 신뢰를 쌓아 더 강력한 팀을 만들 수 있습니다.

지금은 리더가 구성원을 단순히 이끄는 것이 아니라 구성원과 함께 걸어가며 더 나은 미래를 만들어 가는 시대입니다. 이 세 가지 역량을 마음에 새긴다면 디지털 시대의 리더로서 팀과 함께 멋진 성과를 만들어 갈 수 있을 것입니다.

디지털 시대, 리더의 필수 역량 '리더십'

리더로서 성과 창출 방식과 일하는 방식은 디지털 기술과 AI의 도입으로 인해 완벽히 재정의되고 있습니다. 과거의 통제 중심 리더십은 현대의 구성원에게 더 이상 효과적이지 않습니다. 대신 협력과 자율성을 중심으로 하는 리더십이 요구되고 있습니다.

리더가 디지털 기술과 AI를 활용해 구성원과 협력하며 이들의 성장을 지원한다면 조직은 더욱 유연하고 혁신적인 성과를 만들어 낼 수 있을 것입니다. 반대로 리더가 이러한 변화에 적응하지 못한다면 구성원으로부터 신뢰를 잃고 조직의 성과에도 부정적인 영향을 미칠 가능성이 큽니다. 디지털 시대의 리더십은 이제 선택이 아닌 필수가 되었습니다.

소통과 결정이
리더를 만든다

조직의 성과와 운영 방식에 큰 영향을 미치는 요소 중 하나가 바로 의사 결정 방식과 커뮤니케이션 방식입니다. 과거에는 리더가 중심이 되어 독점적으로 의사 결정을 내리고 명령을 일방적으로 전달하는 방식이 일반적이었습니다. 다시 말해 리더의 생각이 구성원의 생각이 되고 그 생각이 구성원의 행동으로 이어지는 구조였습니다.

하지만 현대 사회에서는 구성원의 참여와 협력 그리고 쌍방향 커뮤니케이션을 중시하는 리더가 더 큰 인정을 받고 있습니다. 급변하는 조직 환경에서 유연하게 적응하고 혁신할 수 있는 능력이 중요해지면서 나타난 변화입니다. 이제 리더가 어떤 방식으로 의사 결정을 내리고 구성원과 어떻게 소통하는지는 조직의 성과뿐만 아니라 적응력과 창의성까지 결정짓는 중요한 요소가 되었습니다.

과거 리더십은 주로 중앙집권적 의사 결정 구조를 특징으로 했습니다. 리더는 최종 결정권을 가지고 구성원은 상명하복의 구조 속에서 리더의 지시를 따랐습니다. 의사 결정 과정은 주로 리더의 경험과 직관에 의존했으며, 구성원의 의견은 거의 반영되지 않았습니다.

삼성 창업주의 리더십은 그러한 과거 리더십 스타일의 대표적인 사례로 볼 수 있습니다. 최근 한 드라마에서도 묘사된 그의 리더십은 명확하고 단호한 의사 결정을 중시했습니다. 1990년대 우리나라가 반도체 사업의 불모지였던 시절, 그는 직원의 의견보다 자기 경험과 판단을 바탕으로 중대한 결정을 내렸습니다. 이러한 권위적 리더십은 빠르고 단호한 결정을 내리는 데 유리했지만, 구성원의 창의성을 제한하는 한계를 보이기도 합니다.

반면 오늘날의 리더십에서는 참여형 의사 결정과 협력적 커뮤니케이션이 강조됩니다. 리더가 모든 결정을 독점하기보다는 구성원의 의견과 아이디어를 경청하고 반영하며 결정을 내리는 방식입니다. 이러한 접근법은 구성원의 자율성과 책임감을 강화하고, 더 창의적이고 효과적인 해결책을 도출할 수 있게 합니다.

과거 한 스타트업 기업을 방문한 적이 있었는데, 그곳에서는 구성원이 자유롭게 의견을 교환하며 회의를 진행하는 모습이 매우 인상적이었습니다. 어떤 직원은 서서, 어떤 직원은 소파에 기대어 심지어 누워서 회의에 참여하는 직원도 있었습니다. 회의의 형태는 중요하지 않았습니다. 중요한 것은 모든 구성원의 의견을 자유롭게 듣고 반영할 수 있는 환경이었습니다. 리더는 구성원의 참여를 독려하며 구성원이 주도적으로 의사 결정 과정에 참여할 수 있도록 이끌었습니다. (여담으로 불경기인 2024년에도 이 회사는 성장세를 달리고 있습니다)

디지털 시대의 리더십 : 실시간 소통과 신뢰 구축

오늘날에는 디지털 기술을 활용한 실시간 소통이 조직의 필수 요소로 자리 잡고 있습니다. 리더와 구성원 간의 커뮤니케이션은 일방적이지 않고, 쌍방향 소통을 통해 이루어지고 있습니다.

최근 IT 기업뿐만 아니라 제조, 유통 등 모든 기업이 회사의 성격을 가리지 않고 디지털 소통 도구를 적극적으로 활용해 구성원과 신속하게 의견을 교환할 수 있는 환경을 마련하고자 노력하고 있습니다. 이러한 소통 방식은 구성원이 더 적극적으로 참여할 수 있도록 돕고, 리더는 구성원의 의견을 반영해 더 나은 결정을 내릴 수 있기 때문입니다.

변화하는 리더십의 방향

의사 결정 방식과 커뮤니케이션 방식의 변화는 오늘날 리더십에서 가장 중요한 변화 중 하나로 꼽힙니다. 과거의 독단적 의사 결정과 일방적인 소통은 빠른 성장과 효율성에 기여했지만, 장기적으로는 창의성과 협력의 부족이라는 한계를 드러냈습니다.

반면 현대의 리더십은 구성원의 참여와 쌍방향 소통으로 더 유연하고 혁신적인 조직 운영을 가능하게 합니다.

미래의 리더는 이러한 변화에 발맞춰 구성원과의 신뢰를 바탕으로 참여형 의사 결정과 실시간 소통으로 조직의 성과를 극대화하는 데 주력해야 할 것입니다.

왕관을 쓴 리더
: 축복인가 저주인가

왕이 된 자, 그 왕관의 무게를 견뎌라

리더로서 살아간다는 것은 그만큼 무거운 책임감을 동반합니다. 리더라는 자리는 단순히 권위를 누리는 자리가 아닙니다. 오히려 더 큰 책임을 요구받으며 구성원에게 영향을 미치는 중심축이 됩니다.

리더의 말 한마디, 행동 하나는 팀과 조직의 방향을 결정짓는 중요한 요소로 작용합니다. 따라서 리더의 역할과 책임은 매우 중요합니다. 리더는 구성원의 성장을 돕고 팀이 나아갈 방향을 명확히 제시하며, 조직의 성과를 책임질 때 조직은 비로소 올바르게 성장할 수 있습니다. 하지만 책임이라는 무게가 늘 쉽지는 않습니다. 종종 리더가 기대했던 결과를 얻지 못하거나 팀원들의 반발을 마주하기도 합니다. 이럴 때 우리는 리더십의 본질에 대해 다시 생각해 보게 됩니다.

한 제조업 회사에서 팀을 이끌던 리더 A는 신제품 출시 프로젝트를 맡게 되었습니다. 처음에는 팀원들에게 전적으로 일을 맡기고 결과만 기다렸지만 중간 점검에서 문제가 드러났습니다. 프로젝트는 목표를 벗어나 있었고, 팀원 간의 소통 부족으로 혼란이 발생했습니다. 리더 A는 곧바로 팀원들과 회의를 열고 각자의 역할과 책임을 재정리했습니다. 또 프로젝트 관리 도구를 도입해 실시간으로 진행 상황을 공유하며 피드백을 제공했습니다. 그 결과 프로젝트는 성공적으로 마무리되었고 팀원들역시 리더의 방향 제시와 책임감 있는 태도를 신뢰하게 되었습니다.

이 사례는 리더의 역할이 단순히 업무를 지시하는 것을 넘어 상황을 분석하고 문제를 해결하며 구성원의 성과를 돕는 조력자의 역할이 필요하다는 점을 보여 줍니다.

리더의 역할

첫째, 변화를 이끄는 사람입니다. 리더는 변화의 중심에 서야 합니다. 급변하는 경영 환경에서 민첩하고 기민하게 대응하며 팀이 변화의 흐름에 적응할 수 있도록 돕는 것이 중요합니다. 한 유통업체의 리더 B는 팬데믹 상황에서 빠르게 온라인 판매 채널을 강화하고, 팀원들에게 디지털 도구 활용법을 교육하며 새로운 환경에 적응하도록 도왔습니다. 리더 B의 민첩한 판단 덕분에 팀은 위기를 기회로 바꿀 수 있었고 회사는 이전보다 더 높은 매출을 기록했습니다.

둘째, 현재의 목표를 완벽히 달성하는 사람입니다. 리더는 조직이 설정한 목표를 명확히 이해하고 달성하기 위해 전략적으로 움직여야 합니다. 구성원에게 명확한 지침을 제공하고 지속적인 피드백과 격려로 팀이 올바른 방향으로 나아가도록 지원하는 것이 중요합니다. 예컨대 한 IT 기업의 리더 C는 팀원들과 함께 매주 짧은 스탠드업 미팅을 진행하며 프로젝트의 목표와 진행 상황을 점검했습니다. 이 과정에서 작은 성과에도 칭찬을 아끼지 않으며 팀원들의 동기를 높였고 결과적으로 팀은 정해진 기한 안에 목표를 초과 달성할 수 있었습니다.

셋째, 사람을 관리하고 성장시키는 사람입니다. 리더는 팀원들이 스스로 성장할 수 있도록 돕는 역할을 합니다. 권한을 위임하고 자율성과 책임감을 부여하며 필요할 때 적절한 피드백을 제공해야 합니다. 한 교육기관의 리더 D는 팀원들에게 각자의 프로젝트를 주도적으로 이끌 기회를 주었습니다. 처음에는 팀원들이 혼란스러워했지만, 리더의 격려와 조언 덕분에 자신감을 얻고 성과를 만들어 냈습니다. 리더 D는 팀원들이 자신의 성장을 직접 체감하도록 했고 이는 조직 전체의 역량 강화로 이어졌습니다.

넷째, 갈등을 잘 관리하는 사람입니다. 리더는 팀 내 갈등 상황을 외면하지 않고 효과적으로 해결하여 조직의 화합과 생산성을 유지해야 합니다. 갈등을 단순히 예방하는 것에 그치지 않고, 회피하거나 억누르기보다 건강하게 다루고 해결하여 구성원이 서로를 이해하고 신뢰를 쌓는 기회로 만들어야 합니다. 한 제조업체의 리더 E는 생산 부서와 영업 부서 간의 의견 충돌이 심화된 상황을 방관하지 않았습니다. 리더 E는 갈등의 양측 의견을 열린 대화의 장에서 듣고 서로의 목표와 입장을 명확히 공유하도록 유도했습니다. 그 결과 팀원들은 서로의 역할과 기여를 이해하며 협력의 중요성을 재인식했고, 갈등 해결 과정이 조직 문화의 신뢰를 강화하는 계기가 되었습니다.

마지막으로, 리더의 실천이 필요합니다. 리더의 역할은 단순히 업무 지시나 관리에 그치지 않습니다. 구성원의 성과를 끌어내고 조직의 성과를 극대화하며 자신을 성장시키는 종합적인 역할을 요구합니다.

리더인 당신은 어떤 역할을 수행하고 있나요? 그리고 스스로 어떤 리더라고 생각하나요?

리더의 역할이 중요한 만큼 리더십의 역할을 다양한 측면에서 더 깊이 탐구할 것입니다. 성과 관리, 조직 관리, 갈등 관리, 자기 관리는 단순한 이론이 아니라 리더가 팀과 조직을 성공으로 이끄는 데 꼭 필요한 도구들입니다. 다음의 성찰 질문을 통해 리더십 여정을 더 나은 방향으로 이끌어 가기를 기대합니다.

리더를 위한 질문

- 평소 바라는 리더의 모습과 역할은 무엇인가요?

- 현재 바라는 리더의 모습과 역할을 잘 수행하고 있다고 생각하나요?

- 구성원이 어려운 상황을 극복할 수 있도록 돕는 데 성공했던 사례가

  있나요?

- 팀의 성과에 기여한 구체적인 리더십 방식은 무엇인가요?

- 구성원에게 동기를 부여했던 기억이 있다면 무엇인가요?

- 발휘한 리더십이 팀 분위기에 어떤 긍정적인 변화를 가져왔나요?

- 이러한 경험에서 배운 가장 중요한 교훈은 무엇인가요?

리더가 된다는 것은

단순히 직책이 높아지는 것이 아닙니다.

이제는 더 이상 혼자만의 성과를 내는 것에 그치지 않고,

구성원의 성장을 지원하며 조직 전체의 성공을

책임지는 위치에 서게 되는 것입니다.

구성원 시절에는

자기 일만 잘해도 충분히 인정받을 수 있었지만,

리더는 다른 사람까지도 일을 잘할 수 있도록 돕는 것이

진정한 성과로 평가되기 때문입니다.

단순히 한 단계 올라가는 것이 아니라

여러 단계를 뛰어넘는 수준의 역량과

책임감을 요구합니다.

02

리더의
WHAT

·

어떤 리더(팀)의
모습을 원하는가

01
chapter

성과 관리

리더의 책임인가,
팀의 몫인가

변화의 본질과 방향을 잡는 변화 관리

변화를 두려워하지 마라, 관리가 더 어렵다

"회사는 전쟁터이고 회사 밖은 지옥이다."

한번쯤 선배로부터 들어 보았을 말입니다. 회사는 왜 긴장 속에서 치열하게 싸워야 하는 전쟁터로 비유되는 걸까요? 회사원의 하루를 살펴보면 그 이유는 쉽게 찾을 수 있습니다. 많은 회사원이 매일 아침 피곤함을 업고 지옥철과 교통정체의 도로를 뚫으며 회사에 출근해 맡은 역할과 책임을 수행하고 조직에 필요한 사람으로 인정받기 위해 고군분투합니다. 회사가 전쟁터로 자주 비유되는 이유는 그만큼 정신적, 신체적에너지 소모가 크고 외상은 아니지만 갈등이나 스트레스 등과 같은 정신적 내상이 빈번히 발생하기 때문입니다.

최근 들어 전쟁터와 같은 회사 근무를 마치고 자기 계발을 위해 시간을 투자하는 사람들이 늘어나고 있습니다. 우리는 그들을 '갓생족'이라 부릅니다. '갓생'은 신을 뜻하는 '갓(God)'과 '생(生)'을 합친 말로 부지런하고 타의 모범이 되는 삶을 의미합니다. 특히 코로나19 팬데믹 이후 기업의 경제적 불확실성이 커지고 사회적 불안감이 높아지면서 조직 구성원의 50% 이상을 차지하고 있는 MZ세대를 중심으로 갓생살이를 하는 갓생족이 늘어나고 있습니다.

코로나19 팬데믹의 장기화로 생긴 우울감과 무력감 등이 자기관리, 자아실현 욕구를 자극하면서 그들이 등장하게 되었다고 하지만, 갓생족이 아니더라도 인간이라면 자기 발전을 위해 잠재력을 극대화하고 자기완성을 바라는 욕구인 자아실현 욕구가 있어 어제보다 나은 오늘과 내일을 기대하고 움직이게 만드는 것입니다.

> **"**
> ### 어제보다 나은 오늘과 내일을
> ### 기대하고 있지 않나요?
> **"**

유치원을 다닐 정도의 나이가 되면 부모나 주변 어른들이 장래 희망 또는 꿈이 무엇인지 묻기 시작합니다. 세상에 존재하는 직업은 무엇이 있고 자기가 잘하는 것이 무엇인지도 모르는 예닐곱 살에 불과한 아이가 자신이 되고 싶고, 하고 싶은 것이 무엇인지를 생각하게 됩니다. 이때부터 자신의 미래에 대한 답을 찾는 길고 긴 여정이 시작되는 것입니다.

아이에게 질문과 동시에 정답을 맞힐 거란 기대감을 보이며 아이의 대답에 따라 기특하다, 대견하다, 한심하다, 실망스럽다는 등의 감정을 담은 눈빛을 보이며 정답이 있다는 듯이 답의 근접도를 나타내는 반응을 보이기도 합니다.

우리는 되고 싶은 것, 하고 싶은 것을 찾기 위해 스스로 미래를 고민하다가 부모와 주변인이 보내는 반응에 남들이 원하고 인정하는 모습까지 고려한 미래를 그리게 됩니다. 그리고 성인이 될 때까지 만나는 수많은 사람에게서 장래 희망과 꿈에 대한 질문을 수없이 받게 됩니다.

남들이 원하고 인정하는 모습과 자신이 원하고 그리는 모습을 연결 짓는 것이 심리적 부담감과 압박이 되기도 하지만, 이런 과정은 성인이 되어서도 꿈을 이룬 후에도 미래에 대한 생각을 멈추지 않고 지속해서 꿈을 그릴 수 있게 만듭니다.

현재보다 나은 삶의 모습을 계획하고 변화하도록 이끌며 자기 삶을 지키는 책임감으로 자리 잡을 수 있게 만드는 것입니다. 바로 목표 또는 비전이라는 것을 가지고 도전하고 노력하며 변화하는 삶을 이끄는 힘으로 말입니다.

모든 사람이 꿈을 이룰 수 있는 것은 아니며 목표와 비전이 있다고 해서 반드시 성취할 수 있는 것도 아닙니다. 하지만 주변의 성공한 리더를 살펴보면 몇 가지 공통점이 있습니다. 그중 하나는 명확한 비전을 가지고 변화하는 환경에 유연하게 적응하는 능력입니다.

2024 파리 올림픽에서 선수들 못지않은 국민의 관심을 받은 인물이 있습니다. 바로 현대자동차 그룹 회장이자 대한양궁협회장인 정의선 회

장입니다. 정의선 회장은 혁신성을 강조하며 글로벌 스포츠 환경 변화에 신속히 대응하고자 2012 런던 올림픽 직후 자동차 연구개발 기술을 양궁 훈련과 장비에 적용하도록 지시하고, 매년 새로운 훈련 장비와 기술을 도입하기 위해 힘써 왔다는 이야기로 많은 주목을 받았습니다.

우리나라가 양궁의 최강 국가로 알려졌지만, 다른 나라들의 실력도 점점 향상되어 우리의 뒤를 바짝 추격하고 있습니다. 하지만 정 회장의 혁신과 변화 관리 덕분에 우리나라는 최강의 양궁 국가로 자리매김했다고 해도 과언이 아닙니다. 파리 올림픽에서의 성공은 그의 리더십이 양궁 선수들의 성과를 높이고 전체 스포츠 환경의 변화를 끌어낸 당연한 결과라고 할 수 있습니다. 올림픽 이후 정의선 회장에 대한 국민의 열광적인 반응을 보더라도 그의 혁신적 접근과 노력이 실질적으로 큰 영향을 미쳤다는 것을 알 수 있습니다.

자동차 산업도 마찬가지로 기술 혁신과 트렌드를 반영한 성능과 안전성을 확보하지 못하면 경쟁에서 도태될 수 있습니다. 특히 전기차와 자율주행차 같은 미래 자동차 시장의 변화에 적응하지 못하면 글로벌 경쟁에서 뒤처질 위험이 큽니다. 이러한 상황에서 정의선 회장의 리더십 아래 현대차그룹은 2022년에 이어 23년도까지 2년 연속 세계 3위 완성차 그룹으로 선정되었고, '세계 올해의 차'를 10년간 3회 연속 석권하는 등 굵직한 성과를 거두었습니다. 변화의 중요성을 인식하고 미리 대비한 정의선 회장의 전략적 리더십 덕분이라 생각하는 것도 무리는 아닐 겁니다.

또한 정 회장은 2024년 신년사에서 '현실에 안주하지 않고 끊임없이 변화하며 어려움에 흔들리지 않는 건강한 체질을 만들어야 한다'며 변화 관리의 중요성을 강조하고 변화의 흐름을 주도하며 조직을 성공적으로 이끌고 있습니다. 변화에 민첩하게 대응하고 지속해서 혁신을 추구하는 리더가 조직의 성과를 극대화하는 데 중요한 역할을 한다는 것을 보여 줍니다.

찰스 다윈의 《종의 기원》에서 '가장 강한 자나 가장 영리한 자가 살아남는 것이 아닌 변화에 가장 잘 적응하는 자가 살아남는다'는 말처럼, 인간은 변화를 통해 진화해 왔습니다. 변화에 잘 적응하고 대처하는 인간만이 살아남고, 변화하는 인간만이 살아남는다는 것입니다. 기업도 마찬가지입니다.

우리가 살아가는 현시대의 특징을 압축해 VUCA 시대라고 부르고 있습니다. VUCA는 변동성 Volatility, 불확실성 Uncertainty, 복잡성 Complexity, 모호성 Ambiguity의 앞 글자를 딴 신조어로, '불확실한 미래'를 뜻합니다. 하루가 다르게 새로운 기술이 등장하고 미·중 갈등과 우크라이나·러시아 전쟁 등 지정학적인 요인까지 가세하여 현시대의 기업들은 조직을 운영하고 의사 결정하면서 고려해야 할 것이 너무나도 다양해지고 있습니다. 기술의 발전, 사회의 변화, 새로운 환경에 빠르게 적응하고 대처하지 못한다면 살아남기 힘듭니다. 한때 세계 최고의 글로벌 기업으로 불리던 노키아, 코닥, 소니와 같은 회사들이 시장 변화를 제대로 읽지 못해 몰락한 것을 보면 알 수 있습니다.

반면 국내 기업 중에서도 시장 변화를 읽고 새로운 시장을 개척하는 사례가 있습니다. 소규모 스타트업으로 시작하여 소비자 트렌드 변화를

VUCA

V : Volatility(변동성)
U : Uncertainty(불확실성)
C : Complexity(복잡성)
A : Ambiguity(애매모호성)

VUCA는 1990년대 미국 육군참모대학에서 처음 등장한 용어로, 냉전 후 복잡하고 불확실한 세계를 설명하기 위해 만들어졌으며, 이후 비즈니스 환경에 적용되어 빠르게 변하는 시장, 예측 불가능한 상황, 복잡한 문제, 모호한 정보들을 설명하는 데 사용됩니다.

파악하고 기술을 접목해 성장한 기업으로 무신사, 마켓컬리, 여기어때, 당근마켓 등 입니다. 이러한 신생 기업들의 등장은 기업이 변화에 민감하게 대처해야만 살아남을 수 있음을 보여 줍니다. 이는 전통적인 방식과 고유성을 유지하는 것만으로는 기업의 생존을 보장할 수 없으며, 변화에 적응하고 혁신을 추구하는 것이 현대 기업의 필수 조건임을 반증하는 사례입니다.

기업이 끊임없이 변화하는 세상에서 뒤처지지 않으려면 변화를 두려워하지 않고 능동적으로 받아들여야 합니다. 특히 기업의 리더는 자신뿐만 아니라 구성원이 자기 능력을 최대한 발휘해 변화에 빠르게 적응하고 새로운 기회를 창출할 수 있도록 지원하고 관리하는 역할을 해야 합니다.

스타트업 기업 가치 용어

용어	뜻
미니콘	기업 가치 100만 달러(약 10억 원) 이상인 비상장 스타트업 기업
유니콘	기업 가치 10억 달러(약 1조 원) 이상인 비상장 스타트업 기업
수니콘	차세대(Soon) 유니콘
데카콘	기업 가치 100억 달러(약 10조 원) 이상의 비상장 스타트업 기업
퀸타간타콘	기업 가치 500억 달러(약 50조 원) 이상의 비상장 스타트업 기업
헥토콘	기업 가치 1000억 달러(약 100조 원) 이상의 비상장 스타트업 기업
엑시콘	기업 공개(IPO), 인수 합병(M&A) 통해 회수(Exit)에 성공한 유니콘
유니콥스	유니콘으로 꼽혔지만 이후 가치가 급락한 스타트업 기업

또한 리더는 변화에 대한 민감한 인식과 신속한 대응 능력을 갖춰야 합니다. 시장의 흐름을 읽고 기술 발전과 고객의 요구에 맞춰 끊임없이 혁신을 이끌어가는 리더십만이 기업을 미래로 이끌고 지속적인 성장을 보장할 수 있기 때문입니다.

변화 관리는 조직이나 개인이 새로운 상황, 요구 사항 혹은 환경 변화에 적응할 수 있도록 돕는 과정입니다. 기업은 단순히 이러한 변화를 수용하는 것을 넘어, 성공적인 관리로 혁신을 이루고 조직의 경쟁력을 강화하는 것을 목표로 합니다. 그렇다면 조직의 변화는 어디서부터 시작되는 것일까요?

조직의 변화는 구성원 개인의 작은 변화에서 시작됩니다. 작은 변화들이 모여 변화의 나비효과를 일으키고, 그 결과가 조직 전체에 큰 영향을 미치게 됩니다. 이 과정에서 리더의 영향력은 그 변화를 가속화하고 방향을 이끄는 중요한 역할을 하게 됩니다. 최근 많은 기업이 팀제를 도입하면서 리더가 변화에 대해 어떤 태도를 보이고 변화 관리 역량을 발휘하는지에 따라 구성원의 행동 변화에 직접적인 영향을 끼쳐 궁극적으로 변화의 성공 여부를 결정짓는데 핵심 요인으로 작용하고 있음을 경험하고 있습니다.

변화는 위험 요소가 아니라 새로운 기회를 제공하는 열쇠입니다. 그 기회를 잡기 위해서는 구성원의 자발적인 참여와 리더의 강력한 변화 관리 능력이 필요합니다. 변화를 놓치지 않고 구성원과 함께 주도하는 리더는 조직 내에서 큰 영향력을 발휘할 수 있게 됩니다. 이제 변화 관리자로서 조직을 이끌고, 긍정적인 변화를 실현하기 위해 작은 행동의 변화를 시작해야 할 시점입니다. 그렇다면 변화를 이끄는 리더로서 영향력을 발휘하기 위해 무엇을 실천해야 할지 살펴보겠습니다.

신뢰 저축?
금리보다 리더십이 중요하다

〈SNL코리아〉의 'MZ오피스'는 '맑은 눈의 광인', '젊은 꼰대' 등 독특하고 개성 있는 캐릭터로 직장의 현실을 재치 있게 반영하며, MZ세대의 사회생활과 기성세대와의 갈등을 다룬 예능 프로그램입니다. 이 프로그램은 직장인들 사이에서 큰 공감과 인기를 얻었죠. 특히 이어폰을 끼고 일하는 MZ세대의 행동을 다룬 에피소드는 많은 화제를 모았습니다. 프로그램은 이러한 상황들을 재치 있게 묘사했지만, 직장인들은 이 장면들이 실제 직장 내에서 자주 마주하는 상황이라는 것에 깊이 공감했습니다. 특히 리더는 이를 세대 문화로 존중해야 할지 아니면 문제로 인식하고 개선해야 할지를 고민하게 되었죠. 이러한 현실을 반영한 덕분에 프로그램이 더 큰 화제를 모은 것으로 보입니다.

요즘 Z세대 구성원은 팀워크보다는 자신의 노력과 보상이 명확히 연결되는 일에 집중하는 경향이 있으며, 팀워크를 피하려는 모습을 보이기도 합니다. 리더는 세대 간 다양성으로 이해하기 어려운 구성원의 행동을 마주하거나 때로는 리더를 존중하지 않는 태도를 보이는 구성원을 마주할 때마다 어떻게 관계를 맺어야 할지 고민에 빠지기도 합니다. 그래서 최근 들어 '팀원들이 스스로 변화를 인식하고 자발적으로 일하게 하려면 어떻게 해야 할까?', '팀워크가 꼭 필요한가?', '팀원들과 반드시 가까이 지내야 하는가?'와 같은 근본적인 질문을 던지는 리더를 자주 만나는 것 같습니다.

리더와 구성원이 팀을 바라보는 관점은 다를 수밖에 없습니다. 리더의 역할은 단순히 지시를 내리는 것을 넘어, 변화의 흐름 속에서 각 구성원이 자신의 역할을 최선을 다해 수행할 수 있도록 환경을 조성하고, 팀 전체가 조화롭게 목표를 향해 나아갈 수 있도록 지원하는 데 있습니다.

특히 현대의 복잡하고 빠르게 변화하는 조직 환경에서는 리더가 변화 관리자로서 세대 간의 차이를 이해하고 그 차이를 조율하며 모두가 공감할 수 있는 방향으로 팀워크를 촉진하는 것이 중요해졌습니다. 리더로서 변화와 조화를 동시에 추구하며 세대 간의 차이를 존중하고 팀워크를 강화할 수 있는 구체적이고 실질적인 전략을 고민해야 할 시점입니다.

그러나 리더는 완벽하지 않기 때문에 팀원과 항상 좋은 관계를 유지할 수는 없습니다. 팀원이 이해하지 못하거나 원하지 않는 결정을 내려야 할 때가 있으며, 상위 조직의 지시나 복잡한 이해 관계로 리더 자신도 이해하기 어려운 업무를 수행해야 할 때도 있습니다. 이러한 상황에서는 조직원을 설득하는 데 한계가 있고, 리더와 팀원의 의견이 극명하게 갈리기도 합니다. 충분한 시간과 선택의 여지가 있다면 설득의 과정을 거칠 수 있겠지만, 긴박한 지시 상황에서는 이를 실행할 여유가 없어 직책에 따라 업무를 강제로 부여하기도 합니다. 그래서 리더는 영향력을 넓히기 위해 신뢰를 구축하고 저축해야 합니다. 미리 쌓아 둔 신뢰는 위기 상황에서 리더를 지지해 주는 중요한 힘이 되기 때문입니다.

리더-구성원 교환 이론Leader Member Exchange Theory, LMX에 따르면, 리더는 모든 구성원과 동일한 관계를 맺지 않고 각 구성원과 개별적인 관계를 형성합니다. 이때 리더와 구성원 간의 관계 질에 따라 구성원을 '내집단In-Group'과 '외집단Out-Group'으로 나눌 수 있습니다.

내집단은 리더와 높은 수준의 신뢰와 상호 지원을 주고받는 구성원으로, 중요한 과제나 의사 결정 과정에 더 많이 참여하며 리더로부터 더 많은 자원과 기회를 얻게 됩니다. 이런 내집단 구성원은 신뢰의 기반 위에서 리더에게 동기부여를 받고, 업무 성과와 혁신적인 기여를 극대화하게 됩니다.

반면 외집단은 리더와의 관계가 비교적 형식적이며 단순히 업무 지시를 따르는 관계에 있는 구성원으로, 이들은 리더로부터의 신뢰와 지원이 내집단에 비해 상대적으로 부족합니다. 그 결과 외집단 구성원은 업무에서 기회나 자원의 배분에서도 불이익을 받을 수 있고, 그들의 직무 만족도와 몰입도에 부정적인 영향을 미치기도 합니다.

여기서 주목해야 할 점은 리더와 구성원 간의 관계 질을 결정짓는 핵심 요소가 바로 '신뢰'라는 사실입니다. 구성원은 리더와 함께 일하면서 리더의 약점을 발견할 수 있고, 리더의 부족함이 부정적인 영향을 미칠 수도 있습니다. 그러나 리더가 신뢰를 저축해 두었다면 그 신뢰가 리더의 단점을 어느 정도 보완해 줄 수 있습니다.

리더가 이해하기 어려운 행동이나 실망스러운 모습을 보일 때도 구성원은 '저럴 수밖에 없겠지', '오죽하면 저러겠어'라고 리더를 두둔하며, '이럴 때일수록 우리가 잘해야지'라며 단합을 이루기도 합니다. 물론 신뢰가 리더의 모든 단점을 완전히 감춰 주지는 못하지만, 쌓인 신뢰로 리더와 구성원 간의 불편함을 줄이고 관계를 유지할 수 있습니다.

신뢰는 단순히 관계의 기반을 넘어 조직의 성공과 변화 관리의 성패를 좌우하는 필수적인 요소로 작용합니다. 실제로 오크 잉게이지Oak

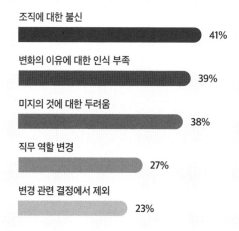

변화에 대한 저항 요인 조사 결과

응답자에게 '무엇이 변화에 가장 저항하게 만들까요?'라고 물었습니다.

조직에 대한 불신
41%

변화의 이유에 대한 인식 부족
39%

미지의 것에 대한 두려움
38%

직무 역할 변경
27%

변경 관련 결정에서 제외
23%

Engage사가 직장인 1,000명을 대상으로 진행한 조사에 따르면, 조직이나 리더에 대한 불신이 변화를 저항하는 주요 요인으로 작용하며, 그 결과 변화에 대한 저항이 41%에 달한다고 합니다. 리더와 구성원 간의 신뢰가 얼마나 중요한지를 보여 주는 연구 결과로, 신뢰가 부족할 때 변화의 추진이 큰 저항에 부딪힐 수 있음을 시사합니다.

또한 신뢰와 경제적 성과 간의 관계에 대한 미국의 신경경제학자 폴 자크의 연구에 따르면, 우수한 성과를 내는 조직에는 신뢰 문화가 높은 수준으로 형성되어 있고, 동기부여가 잘 되어 있는 구성원이 있으며 높은 신뢰 문화는 조직의 생산성과 팀워크에 영향을 미친다고 했습니다. 이러한 점에서 리더가 신뢰를 구축하는 것은 변화 관리의 성공에 핵심적인 역할을 하며, 결국 조직 전체의 성공에 큰 영향을 미친다는 것을 알 수 있습니다.

리더의 신뢰 구축 방법

신뢰는 개인이나 집단이 다른 개인이나 집단에 대해 가지는 믿음이나 확신으로 상대방의 말과 행동을 믿을 수 있다는 것을 의미합니다. 신뢰는 성품Character과 역량Competency 두 가지 요소로 구성되며, 성품에는 성실성, 진정성, 동기 및 의도가 포함되고 역량에는 과업을 완수할 수 있는 능력, 기술, 성과 등이 있습니다. 신뢰는 본질적으로 불확실성을 전제로 하며, 상대방에게 자신을 맡기고 리스크를 감수하는 것을 포함하기 때문에 쉽게 얻거나 줄 수 있는 것이 아닙니다.

따라서 구성원과 신뢰를 형성하기 위해서는 신뢰성을 구성하는 두 가지 요소를 기반으로 리더로서 역할과 행동을 확립해야 합니다. 그래서 스스로 질문을 던져 볼 필요가 있습니다.

역량 Competency	과업을 완수할 만한 능력
성품 Character	진정성, 진실성, 공정성, 투명성, 구성원에 대한 애정

> "
> ## 가장 먼저 그리고 오랫동안
> ## 신뢰한 사람은 누구인가요?
> "

이 질문에 대부분 부모님을 떠올릴 것입니다. 부모님의 조건 없는 사랑과 지원이 우리가 성장할 수 있도록 돕기 때문입니다. 부모님의 사랑은 거래적이지 않고 오로지 자녀의 행복과 성장에 초점을 맞추고 있습니다. 자녀에게 도움이 되는 지원을 먼저 생각하는 것입니다.

신뢰는 '당신이 잘하면 믿겠다'는 조건부 신뢰가 아닌 직원에 대한 조건 없는 신뢰일 때 가장 효과적입니다. 조건이 개입되면 구성원은 신뢰가 아닌 단순한 거래로 받아들이기 때문입니다. 그래서 진정한 신뢰를 쌓기 위해서는 상대방을 깊이 이해하고 지지하며 돕는 것이 매우 중요합니다. 신뢰는 단순한 친절을 넘어 진정한 관계를 형성하고 의미 있는 상호 작용으로 구축되기 때문입니다.

리더가 구성원의 성공을 진심으로 바라고 그들의 성장을 돕는 데 필요한 자원과 기회를 제공할 때, 구성원은 리더의 진정성을 느낄 수 있습니다. 이러한 진정성은 리더와 구성원 간의 강한 유대감을 형성하고 신뢰의 견고한 기반이 됩니다.

신뢰는 '나' 중심적이 아닌 '상대방' 중심적 사고에서 시작됩니다. 조직 내에서 리더가 구성원에게 신뢰를 쌓기 위해서는 자신의 이익보다 구성원의 입장에서 생각하고, 그들의 미래에 진심으로 관심을 기울여야 합니다. 그래서 원활한 소통이 필수적입니다. 모든 관계에는 의무가 따르며 특히 리더와 구성원 간의 관계에서는 소통이 그 관계를 연결하는 중요한 역할을 하기 때문이죠. 소통은 단순한 정보 전달이 아니라 상호 이해와 공감, 신뢰 형성의 핵심 과정입니다.

소통이 잘 이루어질 때 리더가 특별한 메시지를 전달하지 않더라도 그 태도와 진정성이 적절하게 전해지면 구성원은 자연스럽게 설득될 수 있습니다. 소통의 과정에서는 '메신저가 곧 메시지'라고 할 수 있습니다. 즉 리더와 구성원 간의 소통에서 중요한 것은 리더 그 자체이며, 리더의 태도와 행동이 곧 전달되는 메시지의 일환이죠.

리더는 단순히 정보를 전달하는 사람이 아니라 구성원에게 영감을 주고 신뢰를 형성하는 존재로 인식되어야 합니다. 그래서 리더가 구성원을 어떻게 설득하여 그들의 신뢰를 얻어 편으로 만들 것인지 고민해야 합니다. 이때 아리스토텔레스의 설득의 3요소를 참고할 수 있습니다. 아리스토텔레스는 설득의 3요소로 에토스Ethos, 파토스Pathos, 로고스

> ## 아리스토텔레스 설득의 3요소
>
> ❶ **에토스**(Ethos) : 진정성과 매력, 화자의 호감 60%
> ❷ **파토스**(Pathos) : 공감, 경청 30%
> ❸ **로고스**(Logos) : 논리적, 이성적 소구, 메시지 신뢰성 10%

Logos를 제시했는데, 그중에서도 화자의 호감과 신뢰성을 의미하는 에토스가 설득의 약 60%를 차지합니다. 리더가 매력적이고 진정성 있는 모습을 보일 때, 구성원이 리더의 의도를 이해하고 따를 가능성이 커진다는 것을 의미하죠.

리더가 스스로 에토스를 높이기 위해서는 어떤 행동을 해야 할까요? 리더십 권위자인 워렌 베니스가 제시한 '리더가 신뢰를 형성하고 유지하기 위해 보여야 할 네 가지 행동 특성'을 살펴보면, 리더는 늘 일관된 모습으로 말과 행동을 일치시키며 구성원이 필요하다면 도울 수 있는

> ## 신뢰를 형성하기 위한 리더의 네 가지 요인
>
> ❶ **불변성**(Constancy) : 늘 일관된 모습을 보이는 것
> ❷ **조화**(Congruity) : 말과 행동을 일치시키는 것
> ❸ **믿음직함**(Reliability) : 팔로워들이 필요한 경우 도울 수 있는 준비성을 갖출 것
> ❹ **진실성**(Integrity) : 형식과 약속을 중시하는 것

준비가 되어 있고, 팀 운영의 형식과 조직원과의 약속을 중시한다면 신뢰를 형성할 수 있다는 것입니다.

또한 신경과학적인 방법으로 조직 내에서 리더와 구성원 간의 상호 신뢰를 높이기 위한 리더의 행동을 제안한 폴 자크는 옥시토신 즉 '신뢰 호르몬'의 중요성을 강조합니다. 한마디로 옥시토신 분비를 촉진하는 환경을 조성하는 것이 신뢰를 높이는 핵심이라고 설명합니다. 〈하버드 비즈니스 리뷰〉에서 폴 자크는 다음과 같은 행동으로 리더는 조직 내 신뢰를 구축할 수 있다고 했습니다.

신뢰 구축 방법	적용 효과
팀원의 탁월함, 뛰어남 인정하기	신경과학 이론에 의하면 누군가의 업적을 인정해 주는 것이 신뢰도를 극적으로 상승시킵니다.
적당한 도전의 스트레스 받게 하기	팀원에게 어렵지만 성취할 수 있는 일을 줄 때, 일에서 오는 적당한 수준의 스트레스는 사람의 집중력을 높이고 사회적 관계를 강화하는 옥시토신과 부신피질 자극 호르몬을 비롯한 신경 화학 물질을 분비합니다.
일하는 방식에 재량권 주기	어떻게든 직원 각자의 방식대로 사람을 관리하고 프로젝트를 진행하도록 허용하는 것이 좋습니다. 자율성은 혁신에도 도움이 됩니다.
잡 크래프팅 (Job Crafting) 허용하기	자발적 직무 설계로, 자신에게 주어진 업무를 스스로 의미 있는 일로 만드는 일련의 활동을 말합니다. 개인과 직무 간의 적합도를 높여 업무 동기와 만족도, 자긍심을 향상시킬 뿐 아니라 조직 성과에도 기여합니다.
정보 광범위하게 공유하기	회사와 팀이 나아가는 방향에 대한 불확실성은 직원의 만성 스트레스로 이어집니다. 이는 옥시토신 분비를 억제해 팀워크를 방해하므로, 리더가 어떤 형식이든 매일 팀원과 소통하면 직원들의 몰입도가 개선됩니다.
의도적으로 인간관계 만들기	사람들이 직장에서 의도적으로 사회적인 유대 관계를 형성하면 성과가 향상됩니다.

신뢰 구축 방법	적용 효과
개인 성장 촉진하기	신뢰도가 높은 직장은 직원들이 업무뿐 아니라 개인적으로도 성장할 수 있도록 돕습니다. 인간으로서 성장하지 않으면 결국에는 성과도 나빠질 수밖에 없습니다.
취약점 드러내기	신뢰도가 높은 직장의 리더는 직원들에게 그저 일을 시키기만 하는 게 아니라 도움을 청합니다. 누군가에게 도움을 청하면 그 사람의 옥시토신 생성을 자극해 신뢰와 협력이 증가합니다.

> **"**
> **리더인 당신은 신뢰를 저축하기 위해**
> **어떤 방법과 행동을 실천하고 있나요?**
> **"**

　신뢰는 쉽게 학습할 수 없는 리더의 중요한 자질이며 노력 없이 저절로 얻어지지 않습니다. 그래서 신뢰를 쌓아가는 것은 시간이 걸리더라도 꾸준한 노력이 필요합니다. 영향력 있는 리더가 되고자 한다면 자신이 어떤 행동을 하고 있는지 또 어떤 것을 하지 않고 있는지를 자기 인식을 통해 점검하고 구성원과의 신뢰를 높이기 위해 앞으로 어떤 방법을 사용할 것인지 계획을 세워 실천해 보세요. 신뢰는 마치 저축과 같아서 꾸준히 쌓아가야 하는 것입니다.

　좋은 리더가 되는 길은 절대 쉽지 않습니다. 그래서 리더십을 발전시키고 좋은 관계를 형성하려면 반드시 신뢰가 전제되어야 한다는 점을 기억하세요.

리더의 심리적 안전, 성공의 토대

"실패는 성공의 어머니다."

혁신의 아이콘 토머스 에디슨이 남긴 유명한 격언입니다. 에디슨은 실패를 두려워하지 않고, 성공을 위한 필수 과정으로 보았습니다. 성공이든 실패든 결과는 시도와 과정에서 비롯됩니다. 실패에 대한 두려움 때문에 시도조차 하지 않으면서 어떻게 변화를 기대할 수 있을까요?

에디슨의 말처럼, 성공을 이루기 위해서는 실패를 피하기보다 그 과정에서 배우고 끊임없이 도전하는 용기가 필요합니다. 시작이 미미하거나 지속력이 부족해 실패하더라도, 두려워하지 않고 다시 시도할 수 있는 용기가 중요한 거죠.

기업도 마찬가지입니다. 앞서 설명한 것처럼 변화에 적응하고 혁신을 추구하는 것이 현대 기업의 필수 조건입니다. 변화를 통해 혁신을 이루어 나가는 기업만이 살아남을 수 있는 시대에서, 경영진과 임직원 모두 실패를 피하기보다 그 과정에서 배우고 끊임없이 도전하는 용기를 가져야 합니다. 이것이 바로 혁신의 첫걸음입니다.

혁신은 기존에 없던 것을 창출하여 긍정적인 변화를 이루는 과정이기에, 모든 시도와 변화가 반드시 성공적인 결과로 이어지는 것은 아닙니다. 그래서 혁신의 여정에는 실패와 두려움이 반드시 동반될 수밖에 없습니다. 그렇다면 용기는 어디에서 비롯되고, 무엇을 어디서부터 시작해야 할까요?

용기란 단순히 두려움을 느끼지 않는 상태가 아니라 두려움과 위험, 어려움이 존재해도 이를 직면하고 행동으로 옮기려는 힘과 의지를 뜻합니다. 자신의 신념이나 감정적 안정이 위협받는 순간에도 불안과 두려움을 이겨내며 목표를 향해 계속해서 나아가는 태도가 바로 용기입니다. 용기는 끊임없는 자기 성찰과 목표에 대한 확신 그리고 주변의 지지와 격려 속에서 성장합니다. 따라서 조직 내에서 구성원이 변화와 실패를 두려워하지 않고 용기를 내기 위해서는 구성원 간의 지지와 협력이 필수적입니다.

용기는 자기 효능감Self-Efficacy과 밀접한 관련이 있습니다. 심리학자 앨버트 반두라가 제시한 자기 효능감은 개인이 특정 과제를 성공적으로 수행할 수 있다는 믿음으로, 용기를 행동으로 전환하는 데 중요한 역할을 합니다. 높은 자기 효능감은 어려움과 실패를 두려워하지 않으며, 끊임없는 시도와 도전으로 자신의 가능성을 확장하는 중요한 원동력이 됩니다. 바로 개인이 도전에 직면했을 때 자신을 믿고 과감히 나아가도록 하는 강력한 힘이 되는 것이죠.

개인과 조직 모두가 자기 효능감을 바탕으로 용기를 키워 나갈 때 더 높은 성과와 성장을 기대할 수 있습니다. 안정적이고 지지적인 환경 속에서 용기와 자기 효능감은 더욱 빛을 발하면서 혁신의 첫걸음이 됩니다. 따라서 개인이나 기업이 혁신의 첫걸음을 내딛기 위해서는 용기와 자기 효능감을 강화할 수 있는 기반을 마련하는 것이 중요합니다. 그래서 리더는 구성원이 실패를 두려워하지 않고 도전할 수 있도록 심리적 안전감을 제공해야 합니다.

심리적 안전감Psychological Safety은 하버드 경영대학원의 에이미 에드먼슨 교수가 소개한 개념으로, 구성원이 실수나 실패에 대한 두려움 없이 자유롭게 의견을 제시하고 새로운 시도를 할 수 있는 환경을 의미합니다. 심리적 안전감이 조성된 환경에서는 구성원이 어려운 상황에 직면하더라도 실수로 처벌받을지 모른다는 두려움에서 벗어나 용기 있게 의견을 공유하고 업무에 집중할 수 있습니다. 구성원이 혁신적인 아이디어를 발휘하고 새로운 변화를 끌어낼 수 있는 기반을 제공하기 때문입니다.

현대 기업에서 심리적 안전감은 단순한 경영 전략을 넘어 조직의 혁신성과 지속 가능한 성장의 핵심 요소로 자리 잡았습니다. 구글에서 최고의 성과를 내는 팀의 특성을 분석한 '아리스토텔레스 프로젝트' 연구에 따르면, 심리적 안전감이 높은 팀은 구성원 간의 적극적인 소통과 협력을 끌어내며 높은 성과로 이어진다고 밝혔습니다. 심리적 안전감이 팀의 효과성에 미치는 긍정적인 영향을 실증하며 혁신을 위한 필수 요소임을 강조했습니다. 바로 심리적 안전감이 있는 팀에서는 구성원이 자신의 의견을 자유롭게 말하고, 도전적인 목표에도 주저 없이 나설 수 있으며, 실패를 성장의 기회로 받아들일 수 있다는 것입니다.

또한 우주 기술 혁신과 상업적 우주 비행을 선도하는 미국의 민간 우주 탐사 기업 스페이스X는 조직 문화에 있어 심리적 안전감을 핵심으로 삼고 있습니다. CEO인 일론 머스크는 실패를 두려워하지 않는 기업 문화가 직원들이 새로운 아이디어를 제시하고 혁신적인 해결책을 찾는데 필수적이라고 강조하며, 구성원이 실패를 학습의 기회로 삼고 지속해서 도전할 수 있도록 조직 차원에서 적극적인 노력이 필요하다고 말합니다.

심리적 안전감이 있는 환경을 조성하여 구성원이 창의적이고 도전적인 태도를 유지할 수 있고, 기업의 혁신을 가속하는 원동력이 된다는 것입니다.

심리적 안전감 환경을 형성하기 위해서 무엇을 어떻게 해야 할까요? 두 가지 차원에서 접근할 수 있습니다.

첫째, 조직 차원의 실천입니다. 기업은 조직의 지속 가능성과 혁신을 위해 필수적인 심리적 안전감을 직원들이 느낄 수 있도록 정기적인 피드백 세션 운영, 실패에 대한 긍정적인 인식 강화, 열린 소통 장려를 위한 제도 운영 등 다양한 제도를 마련해야 합니다. 구글은 구성원이 근무 시간의 20%를 자신의 관심사나 창의적인 프로젝트에 투자할 수 있도록 장려하는 '20% 시간 정책'을 운영하고 있는데요. 이 정책은 구성원이 실패를 두려워하지 않고 자유롭게 아이디어를 실험할 수 있는 환경을 조성하여 자율성을 느끼고 혁신적인 사고를 할 수 있도록 지원합니다.

실패를 두려워하지 않고 자율적으로 혁신적인 아이디어를 실험할 수 있는 기회를 제공한 덕분에 구글 지도, 지메일과 같은 혁신적인 서비스가 탄생했을지도 모릅니다. 분명한 것은 심리적 안전감이 구글 내부에서 혁신적인 제품과 서비스가 탄생하는 중요한 기반이라는 점입니다. 구글은 변화에 있어서 심리적 안전감이 무엇보다 중요하다는 것을 깨닫고, 구성원이 새로운 시도를 두려워하지 않고 지속해서 도전할 수 있는 환경을 제공한 것입니다.

둘째, 리더 차원의 지원입니다. 최근 기업 대부분이 팀제를 도입하여 운영하고 있습니다. 팀제는 상사와 동료 간의 상호작용과 영향력을 강화하여 조직의 동기부여와 성과에 큰 영향을 미칩니다. 특히 리더의 영향력이 더욱 두드러지는데, 리더 스타일에 따라 업무 배분, 커뮤니케이션 방식, 회의 문화 등이 팀마다 다르게 형성되기 때문입니다. 그래서 심리적 안전감을 형성하는 데 있어 리더는 가장 중요한 역할을 합니다.

리더가 구성원의 의견을 존중하고 협업을 강조할수록 팀의 유대감은 강화되며, 구성원이 서로 신뢰하여 협력할 수 있는 심리적 안전감을 조성하게 됩니다. 심리적 안전감은 더 나은 결과를 끌어내는 창의적 활동을 촉진하고, 팀의 효율성을 높이는 변화를 가져옵니다.

따라서 리더는 구성원이 자유롭게 의견을 표현하고 실수를 두려워하지 않는 환경을 조성하여 창의적이고 혁신적인 접근이 가능하게 해야 합니다. 리더가 자신의 의견을 말하기에 앞서 질문을 하며 구성원의 생각을 묻는 태도를 실천해야 합니다. 리더가 먼저 자기 생각과 의견을 드러내면 구성원은 자기 생각이 상반되더라도 표현하기보다는 리더의 의견에 끌려가기 쉽기 때문입니다.

또한 리더는 구성원이 실수했을 때 처벌보다는 지지와 피드백을 제공하여 자기 효능감을 높일 수 있도록 해야 합니다. 이러한 접근은 구성원이 자신의 역량에 대한 신뢰를 키우고, 실수에서 배워 더욱 발전할 수 있는 기회를 제공합니다. 리더의 지지와 피드백은 구성원에게 도전적인 과제에도 두려움 없이 나아갈 힘을 주며, 결과적으로 팀의 창의성과 혁신성을 높이게 됩니다.

그 외에도 회의 문화나 보고 절차와 같은 프로세스에 대한 개선 방안을 익명으로 취합하여 우리 팀만의 회의와 보고 문화를 만들어 보는 것입니다. 심리적 안전감이 확보되지 않은 상태에서는 구성원이 불만이 있어도 이를 표현하지 못하고 침묵으로 일관할 수 있습니다.

이때 익명성을 보장하여 구성원이 진정으로 원하는 것이 무엇인지 니즈를 파악하고, 이를 바탕으로 현재와의 격차를 줄여 나가면 보다 자연스럽고 편안한 팀 분위기를 조성할 수 있습니다. 그리고 무엇보다 구성원의 요구가 반영되면 구성원이 더 적극적으로 참여하는 환경을 형성할 수 있습니다.

애드카(ADKAR)와 함께라면 변화도 어렵지 않다

변화 관리는 체계적인 접근이 필수적입니다. 변화는 조직에 큰 영향을 미칠 뿐만 아니라 구성원에게 혼란과 불확실성을 초래하여 저항이나 불만으로 이어질 수 있습니다. 따라서 리더는 목표를 명확히 하고 계획을 수립하여 변화 과정에서 발생할 수 있는 상황을 효과적으로 관리해야 합니다.

변화 관리 모델 Top 5

코터(Kotter) 8단계 모델	맥킨지 (Mckinsey) 7S 모델	브릿지 (Bridge) 전환 모델	르윈(Lewin) 모델	ADKAR 모델

변화 관리에서 조직이나 개인의 변화를 효과적으로 준비하고 체계적으로 관리하여 긍정적인 결과를 끌어내기 위해 활용되는 대표적인 모델로는 '코터의 8단계 모델', '맥킨지의 7S 모델', '브릿지 전환 모델', '르윈의 모델', '애드카 모델'이 있습니다.

그중 애드카 모델은 프로사이(변화 관리 연구 및 자문)의 CEO인 제프 하이아트가 개발한 모델로, 조직 변화와 개인 변화 관리를 성공적으로 수행하는 데 초점을 둔 실용적인 접근법입니다. 애드카 모델은 변화의 심리적 및 행동적 측면을 다루고 있으며, 특히 조직 내 개인이 변화에 어떻게 대응하는지를 중심으로 구성되어 있습니다. 이는 인식Awareness, 욕구Desire, 지식Knowledge, 능력Ability, 강화Reinforcement의 다섯 단계로 이루어져 있습니다.

변화에 효과적으로 대응하고 조직의 혁신을 이루기 위해서는 모든 구성원이 함께 변화를 인식하고 참여해야 합니다. 조직의 혁신은 개인의 창의적인 활동으로 이루어지기에 리더는 변화 관리자로서 구성원이 창의적으로 활동을 할 수 있도록 지원하고 변화를 체계적으로 촉진해야 하는 것이죠.

애드카 모델은 개인의 변화를 촉진하는 데 중점을 둔 유용한 프레임워크입니다. 이 모델을 활용해 단계에 맞춰 구성원의 변화를 인식하고, 리더로서 적절한 실천 행동을 조정하기 바랍니다. 구성원의 변화 과정을 관리하고 성과 관리를 연결하여 측정해 나간다면, 구성원의 창의적 활동을 지원하고 변화를 효과적으로 촉진할 수 있을 것입니다.

그래서 각 단계에서 구성원의 피드백을 수집하고 반영하는 것도 중요합니다. 변화 과정에서 구성원이 소외되지 않고 함께 성장하는 경험을 한다면, 이는 공동의 목표에 대한 의식을 고취해 변화에 더욱 적극적으로 참여하게 할 수 있기 때문입니다.

단계	설명	리더의 실천 행동
인식 (Awareness)	**변화에 대한 필요성 인지** 변화를 성공적으로 이끌기 위해서는 조직 내 모든 구성원이 변화의 필요성을 인식해야 하는 단계	• 개별 면담(원온원) : 변화 인지 수준 파악 • 팀 미팅 : 변화의 배경과 이유에 대한 명확한 설명 및 워크숍(회의) 진행 • 비전 공유 : 변화가 조직에 미치는 긍정적인 영향에 대한 사례 공유
욕구 (Desire)	**변화를 실현하려는 욕망** 구성원이 변화에 대한 욕구를 느끼도록 만드는 단계	• 개별 면담(원온원) : 변화를 통해 달성할 수 있는 목표와 비전을 명확히 제시 • 변화 이점 강조 : 변화가 개인 및 팀에 가져올 혜택 강조
지식 (Knowledge)	**변화하는 방법에 대한 지식** 변화에 필요한 지식과 기술을 제공하는 단계	• 새로운 역할과 책임뿐만 아니라 새로운 프로세스, 시스템 등의 이해도 포함 • 교육 제공 : 필요한 교육 프로그램 기회 제공 • 자료 제공 : 관련 자료나 문서 제공하여 쉽게 접근할 수 있도록 하여 지속적인 학습 지원
능력 (Ability)	**변화시키는 능력** 구성원이 새로운 기술이나 프로세스를 실제로 적용할 수 있도록 지원하는 단계	• 실습 기회 제공 : 새로운 프로세스나 기술, 절차를 실제로 적용해 볼 수 있는 기회를 제공하여 새로운 방식에 적응 지원 • 피드백 및 코칭 : 구성원이 변화에 적응할 수 있도록 피드백과 코칭 제공
강화 (Reinforcement)	**변화를 유지하는 보상 강화** 변화가 지속해서 유지되도록 하는 단계 보상, 인정, 피드백 및 측정 포함	• 성과 인정 : 성공 사례를 공유하고 인정(칭찬)하고 보상 • 정기적 피드백 : 변화가 일어난 후 지속해서 성과를 모니터링하고, 필요한 조정 시행

변화 관리자로서 리더가 가져야 하는 긍정적 변화(인식, 태도, 역량)에 대해 이야기했습니다. 그렇다면 이제 이 변화를 실질적인 성과로 이어가기 위해 무엇을 해야 할까요? 바로 목표 관리입니다. 목표 관리는 구성원 개개인의 역할을 명확히 하고, 공동의 목표 달성을 위해 모두가 함께 나아가도록 만드는 중요한 단계이기 때문입니다. 이제 긍정적 변화의 에너지를 확보했다면, 이 에너지를 바탕으로 우리가 향할 목적지를 명확히 하고 구체적인 방안들을 설정하는 목표 관리에 대해 깊이 살펴보겠습니다.

리더를 위한 질문

- 변화를 이끄는 리더로서 현재 어떤 변화를 준비하고 있나요?

- 구성원과의 약속을 반드시 지키기 위해 어떤 노력을 하고 있나요?

- 리더로서 구성원과의 신뢰를 쌓기 위해 어떤 행동을 실천하고 있나요?

- 현재 당신의 신뢰도는 어떻게 평가하나요? 플러스 상태인가요 아니면 마이너스 상태인가요?

- 조직은 심리적 안전감이 형성되어 있나요?

- 심리적 안전감을 형성하기 위해 리더로서 무엇을 해야 한다고 생각하나요?

- 소속 구성원은 변화의 어느 단계에 와 있다고 느끼나요?

- 변화 관리를 효과적으로 하기 위해 어떤 실천 방안을 고려하고 있나요?

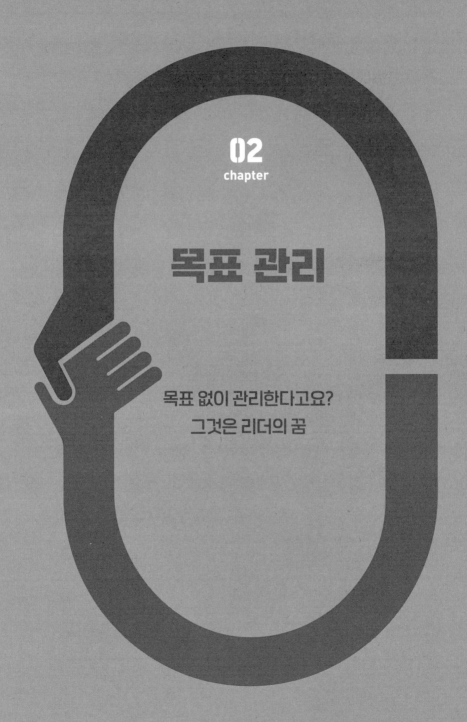

02
chapter

목표 관리

목표 없이 관리한다고요?
그것은 리더의 꿈

목표와 균형,
리더의 끝 없는 줄다리기

목적지에 가기 위해 버스를 타 본 적이 있을 겁니다. 친절하고 숙련된 운전자가 안전하고 빠르게 목적지까지 안내해 준 기억도 있을 겁니다. 반면 운전이 미숙하거나 불친절한 운전자를 만나 불편하고 불안했던 경험도 있을 수 있습니다. 그때는 가는 내내 불안에 떨거나 중간에 내리고 싶다는 생각이 들기도 했을 것입니다.

버스의 운전자와 승객을 리더와 구성원에 빗대어 본다면, 리더는 바로 운전자입니다. 운전자는 모두 버스를 운전할 수 있는 면허증 즉 자격증을 가지고 있겠지만, 능숙하게 운전하는 사람도 있고 이제 막 자격증을 딴 사람도 있으며 자격만 취득하고 운전하지 않아 감각이 무뎌진 사람도 있을 것입니다.

조직도 마찬가지입니다. 리더에게는 '조직장'이라는 자격이 주어지지만, 어떤 리더는 능숙하게 역할을 수행하고 어떤 리더는 그렇지 못하기도 합니다.

리더가 자신의 '자격증'을 제대로 활용하지 않는다면, 모두를 위험에 빠뜨릴 수 있습니다. 실전 경험이나 연습 없이 버스를 운전한다고 상상해 보세요. 노선을 숙지하는 데만 급급하여 승객의 안전은 신경 쓰지 못할 가능성이 큽니다. 하지만 리더에게는 모든 승객을 안전하게 목적지까지 안내해야 할 책임이 있습니다. 만약 리더가 자격만 갖춘 채 주의하지 않고 연습하거나 경험을 쌓으려고 노력하지 않는다면 사고는 피할 수 없을 것입니다.

> **당신의 버스에 탑승한 구성원은
> 어떤 마음일까요?**

당신이 '팀'이라는 큰 버스를 운전하는 운전자라고 생각해 본다면, 당신의 버스에 탑승한 구성원은 어떤 마음일까요? 불안한 마음으로 노선을 확인하며 목적지에 도달하기도 전에 내리고 싶은 마음, 운전자의 실력에 불만을 품은 불편한 마음 등 다양할 것입니다.

그러나 무엇보다 중요한 것은 빠르고 안전하며 친절하게 승객을 목적지까지 안내하는 것, 그것이 바로 리더의 목표 관리입니다. 노선을 정확히 이해하여 빠르고 안전하게 운전하는 전문성을 갖추며, 교통법규 변경이나 예상치 못한 변수에 대비하려는 노력 그리고 승객 한 명 한 명의 요구를 살피는 세심함이 필수적입니다. 결국 성과는 우연히 이루어지는 것이 아니라 리더가 만들어 내는 것입니다.

목표가 없으면 성과도 없다

스티브 잡스는 어떤 일을 시작할 때, 시작과 끝에 자신이 원하는 바를 명확히 설정한 것으로 유명합니다. 왜 그랬을까요? 목표 설정과 이를 관리하는 리더의 역할 없이는 훌륭한 성과를 기대하기 어렵다는 것을 알았기 때문입니다. 성과를 달성하기 위한 시작은 명확한 목표 설정에서 출발합니다. 또한 성과를 잘 만들어 낼 수 있는 도구Tool가 필요합니다. 마치 목적지에 도달하는 데 필요한 노선도와 교통 규칙처럼 말입니다.

성과를 달성하려면 먼저 '성과'와 '성과가 아닌 것'을 명확히 구분할 줄 알아야 합니다. 다이어트를 해 본 경험이 있다면, 다양한 운동이나 식이요법 심지어 의약품의 도움까지 활용해 목표에 도달하려고 노력했을 것입니다. 그런데 정말 열심히 운동했음에도 목표 몸무게를 달성하지 못했다면, '열심히' 했을지언정 '잘'했다고 보기는 어려울 것입니다.

일주일에 세 번 유산소 운동을 6개월간 지속한 것 ▶ **결과**
목표 감량 몸무게인 10㎏을 달성한 것 ▶ **성과**

또 다른 예를 들어 볼까요?

고객 응대 서비스 개선을 위해 매뉴얼 정리, 고객 설문 조사, 접점 직원 교육
을 10회 진행한 것 ▶ **결과**
서비스 모니터링 점수를 목표치인 90점대로 향상시킨 것 ▶ **성과**

앞서 살펴본 바와 같이 성과에서 가장 중요한 것은 바로 '목표에 도
달하였는가?'입니다. 조직에 대입해 보면, 목표는 조직의 성장과 경쟁력
확보에서 매우 중요한 역할을 합니다. 조직에는 앞으로 나아가야 할 지
향점이 꼭 필요합니다. 조직과 리더에게 명확한 목표가 없다면, 예상치
못한 결과가 나오거나 시행착오로 시간과 비용을 낭비하게 될 것입니
다. 그래서 목표는 조직의 성과를 달성하기 위한 방향이자 집중해야 할
것을 알려 주는 지침 역할을 합니다.

목표가 구성원의 몰입을 촉진한다

조직에서 명확한 목표는 구성원의 몰입을 촉진합니다. 몰입에 대해
조직행동 전문가인 로버트 카츠와 로버트 칸은 이렇게 정의했습니다.

몰입은 구성원이 업무 역할에 대해 신체적, 인지적, 정서적으로 자신을 활
용하고 표현하는 상태입니다.

조직의 목표에 공감한 구성원은 업무의 목적을 이해하고 자신의 역할을 인지하며 몰입하게 됩니다. 몰입된 구성원은 목표 달성을 위해 자발적으로 열심히 일하며, 조직의 성과와 이익 그리고 성장에 기여합니다. 목표는 구성원을 움직이는 엔진과도 같습니다.

조직의 명확한 비전과 목표는 구성원에게 동기를 부여합니다. 조직의 목표와 가치를 명확히 이해한 구성원은 그렇지 못한 구성원과는 분명히 다른 모습을 보입니다. 공유된 목적 의식은 직원들에게 동기를 부여하며, 성과를 달성하기 위한 로드맵 역할을 합니다. 조직과 팀의 비전과 목표를 명확히 이해한 구성원은 자신이 맡은 역할을 분명히 알고, 이를 달성하기 위해 노력할 의욕이 높아집니다. 특히 개인이 도달할 수 있는 수준의 명확한 기대치를 부여받은 구성원은 책임감과 헌신으로 목표를 향해 꾸준히 나아가게 됩니다.

숨 막히는 밸런스 게임

> **"**
> 일은 잘하는데 인성 쓰레기
> VS 성격은 좋은데 업무 쓰레기
> **"**

밸런스 게임이 유행할 때, 직장인들 사이에서 화제가 되었던 질문입니다. 어떤 구성원을 선택할 건가요? 재미있게도 대부분이 '인성이 좋지 않아도 일을 잘하는 사람'을 선택했습니다. 동료든 리더든 팀원이든 상관없이 동일한 선택이었습니다.

왜일까요? 리더로서는 성과를 만들어 주는 일잘러 팀원이 든든하며, 동료로서는 착하지만 일못러 동료가 자신의 업무에 손해를 끼칠 가능성이 있기 때문입니다. 심지어 리더를 따르는 구성원으로서도, 일 못하는 착한 리더보다 일 잘하는 못된 리더 아래에서 성장 가능성이 더 크다고 판단합니다. 그렇다면 일을 잘한다는 기준은 무엇일까요? 성과를 달성하지 못한 구성원이 무조건 능력이 부족하다고 볼 수는 없습니다. 리더는 자신에게 질문해야 합니다.

> - 적절한 목표를 설정했는가?
> - 목표를 달성할 수 있도록 알맞은 전략을 고민했는가?
> - 필요한 자원을 구성원에게 충분히 지원했는가?
> - 업무 과정에서 적절한 피드백을 제공했는가?

결국 구성원을 일잘러로 만들고 팀의 성과를 끌어내는 것은 리더의 책임입니다. 조직의 목표를 달성하고 성과를 이루기 위해서는 정교한 계획과 효과적인 수행 도구가 필요합니다. 따라서 리더는 목표를 관리하기 위해 적절한 도구를 올바르게 선택하고 활용할 수 있어야 합니다.

목표 관리를 위한 도구 : MBO와 OKR

미국의 경영학자 피터 드러커가 제안한 목표에 기반한 성과 관리 기법Management By Objectives, MBO은 과거의 성과 관리 방식인 테일러리즘이 생산업에는 적합했으나, 지식 근로자에게는 한계가 있음을 인지하며 등장했습니다. 드러커는 조직 전체의 목표와 개인의 목표를 연결하여 열심히 일했는가가 아니라 어떤 공헌을 했는가에 초점을 맞추었습니다. 그래서 기존의 '효율성' 중심 관점에서 '효과성' 중심 관점으로 전환하게 되었습니다.

용어	발생 시기	특징
테일러리즘 Taylorism	1911년	프레드릭 윈즐로 테일러 - 저서 《The Principle Scientific Management》를 통해 발표 - 시간 연구와 동작 연구를 기반으로 한 표준 작업량 설정 및 관리 - 노동 생산성 증진에 초점 - 인간을 기계적 측면에서 보게 함. 지식 근로자에게 부적합
MBO	1954년	피터 드러커 - 저서 《경영의 실제(The Practice of Management)》을 통해 발표 - 원래는 MBOS(Management By Objectives and Self-control) - 목표와 자율성을 통한 성과 관리

산업혁명이라는 시대적 배경 속에서 테일러리즘은 노동 생산성을 극대화하는 방식으로 활용되었습니다. 그러나 시간이 지나면서 여러 한계점이 드러나게 되었고, 성과 관리의 초점은 점차 테일러리즘에서 MBOManagement By Objectives로 이동하게 되었습니다. 하지만 MBO를 적

용하는 과정에서도 다음과 같은 문제들이 조직에서 발생할 수 있습니다.

> • 달성 가능성을 높이기 위해 지나치게 낮은 목표 지표를 설정하는 경우
> • 연 단위의 단기 목표 관리로 인해 조직의 궁극적인 방향성을 상실하는 경우
> • 개인 성과 관리에만 치중하여 협업이 저해되고, 부서 이기주의가 만연하는 경우

이러한 문제들을 해결하기 위해 최근 OKRObjectives and Key Results이 성과 관리 방법으로 주목받고 있습니다. OKR은 빠르게 변화하는 환경에 대응하기 적합하며, 속도보다는 방향성에 집중하고 평가보다는 성장에 초점을 맞춘 성과 관리 방법입니다.

구글은 OKR을 성공적으로 활용한 대표적인 사례로 꼽히며, 국내에서도 2020년 이후 많은 기업이 OKR에 관심을 기울이고 있습니다. 한화, 넥슨, 카카오 등 주요 기업들은 이미 OKR을 도입했거나 도입을 검토하고 있습니다.

구분	MBO (Management By Objectives) 목표에 의한 경영 기법	OKR (Objectives and Key Results) 목표 핵심 결과 지표
목표 설정 방법	Cascading(Top - down)	Alignment(Top down & Bottom up)
목표 수준	평가, 결과를 고려한 위임, 회피적 수준(달성할 수 있는 수준의 목표 설정)	미달성을 두려워하지 않고, 공격적이며 도전적인 수준(달성 확률이 60~70% 정도 수준)

구분	MBO (Management By Objectives) 목표에 의한 경영 기법	OKR (Objectives and Key Results) 목표 핵심 결과 지표
목표 공유	구성원 간, 팀 간 목표 미공유	구성원, 팀 간 목표 공유 → 협업 증대
방향성	What(무엇, 결과)에 초점	What(무엇, 결과)+How(어떻게, 방법)에 초점
주기	1년 주기, 달성 과정에 대한 모니터링	3개월 또는 월 단위 수시 피드백 및 중간 조정
결과 활용	보상과 연결	보상보다는 성장과 도전적 과제 실행 집중

> **MBO의 단점을 보완했기에 OKR이 더 이상적일까요?**

이 질문에 대해 단순히 '그렇다' 또는 '아니다'라고 답하기는 어렵습니다. 각 조직의 조직 문화, 기존 인사제도 그리고 경영 환경이 모두 다르기 때문입니다. 따라서 OKR이 좋다고 해서 무작정 도입하기보다는 신중한 접근이 필요합니다.

OKR은 평가를 목적으로 하기보다는 더 높은 성과를 창출하기 위한 관리 도구입니다. 하지만 이를 도입하려면 별도의 평가 제도와의 연결성에 대해 고민해야 합니다. 또한 국내의 수직적 조직 문화에서는 OKR의 핵심 요소인 수평적 소통, 도전적 목표 설정 그리고 수시 커뮤니케이션이 현실적으로 어려울 수 있습니다.

빠른 변화에 대응해야 하는 IT 기업이나 스타트업에서는 OKR이 적합할 수 있습니다. 하지만 표준화된 작업과 안정적인 운영이 중요한 제조업에서는 효과적이지 않을 가능성도 있습니다.

따라서 OKR을 도입하려면 국내외 적용 사례가 더 다양하게 정리되고, 조직의 전체적인 경영 환경과 조직 문화와의 적합성을 충분히 고려해야 합니다. 신중한 도입이 필요하다는 점은 아무리 강조해도 지나치지 않습니다.

Step 1에서 시작하고
Step 3에서 완성하라

Step 1 PLAN : 목표 수립

PLAN	DO	SEE
목표 수립	목표 수행/모니터링	성과 평가

MBO에서의 첫 단계는 목표 수립입니다. 목표 수립은 탑다운Top-Down 방식으로 이루어집니다.

❶ 기업의 목표가 먼저 설정되고
❷ 부서의 목표로 연계(Align)되며

베인앤컴퍼니가 1,200여 개 기업을 대상으로 한 연구에 따르면, 많은 조직에서 구성원이 모두 열심히 일하는 것처럼 보이지만, 조직의 목표와 전략을 다르게 인지하고 있을 가능성이 크다는 결과가 나왔습니다. 또한 〈하버드 비즈니스 리뷰〉의 한 조사에서는 92.4%의 응답자가 자기 일이 조직에 미치는 영향 즉 큰 그림을 볼 수 있을 때 일을 더 잘한다고 답했습니다. 이는 조직의 목표를 알지 못하거나 목표가 없으면 마치 조

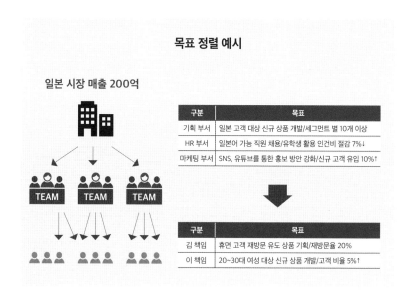

목표 정렬 예시

일본 시장 매출 200억

구분	목표
기획 부서	일본 고객 대상 신규 상품 개발/세그먼트 별 10개 이상
HR 부서	일본어 가능 직원 채용/유학생 활용 인건비 절감 7%↓
마케팅 부서	SNS, 유튜브를 통한 홍보 방안 강화/신규 고객 유입 10%↑

구분	목표
김 책임	휴면 고객 재방문 유도 상품 기획/재방문율 20%
이 책임	20~30대 여성 대상 신규 상품 개발/고객 비율 5%↑

각난 지도를 들고 길을 헤매는 것과 같다는 점을 시사합니다.

따라서 조직에서는 구성원이 조직의 목표를 명확히 인지할 수 있도록 해야 합니다. 그뿐만 아니라 조직-팀-개인의 목표가 유기적으로 연결될 수 있도록 목표를 정렬Align하는 것이 필수적입니다. 목표의 정렬은 구성원이 자기가 수행하는 일이 전체 조직의 성과와 어떻게 연결되는지 이해하게 하여 몰입도와 성과를 극대화하는 데 기여합니다.

목표 정렬 사례

조직의 비전과 목표를 알고 일하는 사람 VS 그렇지 않은 사람

아주 무더운 여름날, 땀을 뻘뻘 흘리며 벽돌을 쌓고 있는 두 사람이 있었습니다. 한 사람은 찌푸린 얼굴로, 다른 한 사람은 웃는 얼굴로 같은 작업을 하고 있었습니다. 지나가던 사람이 그들에게 무슨 일을 하고 있는지 물었습니다. 찌푸린 표정의 사람은 퉁명스럽게 "보면 모르오? 벽돌을 쌓고 있소."라고 대답했습니다. 반면 웃는 얼굴의 사람은 미소를 지으며 "많은 사람이 기도를 드리고 평안을 얻을 성당을 짓고 있소."라고 답했습니다.

만약 이 두 벽돌공에게 리더가 있었다면, 한 벽돌공에게는 지금 짓고 있는 이 건물이 어떤 의미가 있는지를 설명하며 목표를 명확히 제시하고, 다른 벽돌공에게는 단순히 '네모반듯하게 쌓아라'라고만 지시했을 것입니다. 이 이야기는 구성원이 자기 일이 조직의 비전과 최종 목표에 어떤 기여를 하는지 이해하는 것이 얼마나 중요한지를 보여 줍니다. 조직의 비전과 목표를 구성원에게 명확히 전달하고, 이를 바탕으로 목표를 수립하는 것은 상상 이상으로 큰 의미가 있습니다.

목표를 수립하는 단계에서 좋은 목표란 어떤 것일까요? 바로 명확하고 달성이 가능한 목표가 아닐까 합니다. 그래서 SMART 기법을 활용할 수 있습니다. 미국 심리학자인 에드윈 로크의 동기이론을 기반으로 한 SMART 기법은 쉽고 애매한 목표보다 명확하고 도전적이면서도 구체적인 목표가 구성원의 행동이나 동기에 영향을 미친다고 주장하였습니다.

이때 주의해야 할 점이 있습니다. 측정 가능이라는 기준을 무조건 정량적 지표로 해석하면 예상치 못한 부작용이 발생할 수 있습니다. 세일즈팀에 순이익 비율을 목표로 제시할 때 목표를 달성하기 위해 고객에게

구분	점검	비고
Specific	목표가 명확한가?	강화, 향상 등의 애매모호한 표현을 피함 **예** 일본 고객 대상 세일즈 강화 → 일본 고객 대상 세일즈 상품 개발
Measurable	성과를 측정할 수 있는가?	성과를 달성 여부를 점검할 수 있는 기준이 될 수 있도록 함 **예** 신규 고객 유입을 위한 세일즈 상품 분기별 1개 기획
Attainable	달성 가능한가?	리더-구성원 '상호 합의'된 도전적이지만 가능한 수준으로 설정
Relevant	조직의 비전, 전략적 목표와 연관되었는가?	구성원의 목표 달성 시 팀, 조직의 목표에 어떠한 기여가 되는가를 확인
Time-bound	목표의 달성 기한이 있는가?	연말 달성이 아닌 월, 분기, 반기별 아웃풋을 설정

제공해야 할 보상을 지급하지 않거나 필요한 투자 비용을 줄이거나 인원을 축소하는 등의 선택을 하게 될 가능성이 있습니다. 이러한 방식은 단기적으로는 순이익을 증가시킬 수 있지만, 장기적으로는 고객 불만족과 직원들의 업무 과중으로 이어져 조직에 손해를 끼칠 수 있습니다.

또한 목표만 달성하면 된다는 인식이 구성원에게 퍼지면 조직의 윤리성에도 문제가 생길 수 있습니다. 결과적으로 조직의 지속 가능성과 신뢰성을 위협하게 될 가능성이 큽니다. 따라서 리더는 조직을 건강하게 유지하고 장기적으로 성장할 수 있는 목표를 설정하는 데 신중히 처리해야 합니다. 목표는 단순히 정량적 지표로 측정할 수 있는 것만이 아니라 질적인 가치와 윤리적인 관점도 충분히 고려되어야 합니다.

달성 가능이라는 기준은 목표 설정에서 또 다른 중요한 요소입니다. 도전적인 목표는 구성원에게 더 큰 노력과 관심을 끌어내며 높은 수준의 성과를 달성하게 하고, 구성원 스스로 성취감을 느낄 수 있도록 돕습니다. 그러나 과제의 성격에 따라 난이도를 적절히 조정해야 하는 것도 중요합니다.

로버트 여키스와 존 도슨의 연구에 따르면, 생리적 또는 정신적 각성 수준이 적절할 때는 수행 능력이 향상되지만 각성 수준이 지나치게 높아지면 오히려 성과가 떨어진다는 결과가 나타났습니다. 간단한 과업에서는 높은 각성 상태에서도 효율이 유지될 수 있지만, 복잡하거나 어려운 과업에서는 각성 수준이 높아질수록 효율이 감소하는 경향이 있습니다.

리더는 이런 연구 결과를 참고하여 목표를 설정할 때 구성원이 적절한 도전 의식을 느끼면서도 과도한 스트레스에 시달리지 않도록 해야 합니다. 목표가 도전적이면서도 현실적일 때, 구성원은 자신의 역량을 최대한 발휘할 수 있으며 조직 또한 장기적으로 건강하게 성장할 수 있는 기반을 다질 수 있습니다.

따라서 각각 구성원의 역량과 과업의 난이도를 고려하여 너무 쉽지 않은, 열심히 노력해야 달성이 가능한 그러나 지나치게 높지 않은 정도를 목표로 잡는 것이 바람직합니다.

구성원에게 목표를 설정하는 순간은 긴장되고 어렵게 느껴질 수 있습니다. 목표를 달성하지 못할까 두려워 쉬운 목표를 기대하거나 지나

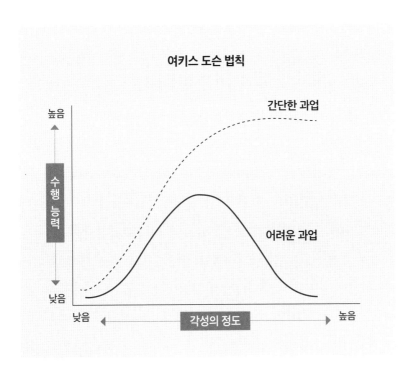

치게 부담스러운 목표를 받았을 때 어려움을 표현하지 못하고 주저하는 때도 많습니다. 자신이 능력이나 의욕이 없는 사람으로 비칠까 우려하기 때문입니다.

목표를 설정하는 단계에서 구성원의 의사 결정을 존중하고 의견을 수렴하는 과정은 매우 중요합니다. 이러한 과정으로 구성원이 자율성을 경험하면 목표를 자발적으로 수행하려는 동기가 생깁니다. 바로 목표를 달성하는 주요 열쇠 중 하나입니다. 구성원이 목표 수립 단계에서 자율성을 느끼게 된다면 주도적으로 목표를 수행하고 달성할 가능성이 커집니다.

리더가 마음속에 이미 답을 가지고 있더라도 구성원 스스로 목표 수준을 먼저 생각해 볼 수 있도록 기회를 제공하는 것입니다. 면담으로 구성원의 의견을 경청하고 필요하다면 그 의견을 반영하여 목표를 설정하여 구성원은 목표를 리더의 일방적인 지시로 받아들이지 않고 '합의된 목표'로 인식하게 됩니다. 이 과정에서 설정된 목표는 단순히 '구성원 개인의 목표'가 아니라 '우리 팀의 목표'로 느껴질 수 있습니다. 이러한 목표 수립 과정은 리더와 구성원 간의 신뢰를 강화하고 목표 달성의 가능성을 높입니다.

Step 2 DO : 목표 수행과 모니터링(과정 관리)

학창 시절, 시험공부를 위해 벼락치기로 밤을 새워 본 경험이 있나요? 벼락치기를 피하기 위한 두 가지 접근 방식을 비교해 봅시다. 첫째,

3개월 전부터 엄마가 얼굴을 볼 때마다 공부는 열심히 하고 있는지, 얼마나 했는지 확인하는 방식입니다. 둘째, 3개월 전에는 역사 시험 범위를 한 번 완독하고 모의시험을 보면서 준비하고, 2개월 전까지는 오답을 기준으로 보충 학습을 하며 2차 모의시험을 보고, 1개월 전에는 책을 보지 않고 말로 설명할 수 있도록 암기하는 계획을 세우는 것입니다.

첫 번째 방식은 반복적인 잔소리로 느껴져 스트레스를 유발할 수 있지만, 두 번째 방식은 부담을 주는 동시에 실천 가능성을 높입니다. 조직에서 목표를 수행하는 과정도 비슷합니다. 약속되지 않은 점검이 수시로 이루어진다면, 구성원은 자율성이 침해되고 신뢰받지 못한다는 느낌을 받을 수 있습니다. 반면 전혀 간섭 없이 최종 결과물만 살펴본다면 방치된 느낌을 받을 수 있습니다.

Plan 단계에서 수립한 월별, 분기별, 반기별 세부 계획을 기준으로 점검하고 피드백하는 과정이 필요합니다. 만약 연 단위의 성과 관리 활동으로만 인식해 반기나 연말에만 점검한다면, 방향이 잘못되었을 때 이를 바로잡을 기회와 리더의 지원으로 더 나은 결과를 끌어낼 기회를 놓칠 수 있습니다. 또한 이러한 과정에서 구성원이 성장할 수 있는 기회 역시 줄어들어 성과 관리가 단순히 '평가 중심'으로 흐를 위험이 있습니다. 목표 수행 과정에서는 구성원에게 적절한 간섭과 지원을 제공하며, 그들의 자율성을 존중하는 균형 잡힌 접근이 필요합니다. 이는 목표를 더 효과적으로 달성할 수 있을 뿐만 아니라 구성원 개인과 조직의 성장을 함께 끌어낼 수 있습니다.

구성원이 목표를 잘 수행하고 있는지, 리더로서 제공할 지원은 없는지 일일이 챙기는 것은 생각만 해도 버거운 일입니다. 특히 팀원이 많다면 각 구성원의 목표 수행 상태를 점검하고, 필요한 피드백을 적시에 제공하는 일은 더욱 어렵습니다. 피드백의 내용을 모두 기억하고 관리하려 한다면 실수 없이 진행할 수 없습니다. 기록하지 않는다면 기억에는 한계가 있고, 피드백이 반영되었는지 확인하지 못하거나 시점에 따라 모순된 피드백을 제공할 가능성도 있습니다.

그래서 디지털 시대에 맞추어 다양한 플랫폼을 활용해 보는 것도 좋은 방법입니다. 현재 OKR 기반의 성과 관리와 협업을 지원하는 여러 플랫폼이 시중에 나와 있습니다. 플렉스Flex, 레몬 베이스와 같은 플랫폼은 구성원의 계획이 어떻게 진행되고 있는지, 어느 수준까지 이루어졌는지를 수시로 체크할 수 있게 해 줍니다.

또한 리더의 피드백을 기록하고 이를 기반으로 구성원의 업무 수행 방향을 점검하며 코칭하는 데 도움을 줍니다. 무엇보다 이런 과정 관리를 통해 구성원과 성과 평가 결과에 대한 공감대를 형성할 수 있다는 점이 큰 장점입니다.

소프트웨어 기업인 어도비는 기존의 성과 관리 제도를 폐지하고, 자사만의 성과 관리 시스템인 체크인Check-in을 도입한 사례로 잘 알려져 있습니다. 체크인 시스템은 직원들이 자율적으로 목표를 설정하고, 리더뿐만 아니라 동료와도 정기적으로 대화를 통해 상호 피드백을 주고받을 수 있는 방식입니다. 이는 한 해의 성과를 종합적으로 평가하는 전통적인 방식과는 달리, 연중 상시 피드백을 강조합니다. 어도비는 체크인 시스템을 도입한 이후 성과 관리를 위해 투입되던 10만 시간 이상을 절약했을 뿐만 아니라 퇴직률이 30%까지 감소하는 성과를 거두었습니다.

이런 시스템을 활용한 성과 관리는 매우 효과적입니다. 그러나 시스템을 도입하기에 앞서 기업의 성과 관리 프로세스를 먼저 정립하는 것이 중요합니다. 명확한 프로세스가 있어야만 우리 조직에 가장 적합한 시스템을 선택하고, 100% 활용할 수 있습니다. 또한 조직 전체에 시스템 도입이 어렵다면, 소규모 팀에서 업무 과정을 공유하고 협업할 수 있는 노션Notion과 같은 간단한 플랫폼을 활용하는 것도 좋은 방법이 될 수 있습니다. 기술과 시스템을 적절히 활용하면, 리더는 구성원과의 소통을 원활히 하고, 성과 관리 과정을 더욱 체계적으로 진행할 수 있습니다. 구성원도 자신이 수행하는 업무와 목표의 진행 상황을 명확히 이해할 수 있어 조직 전체가 더욱 효율적으로 움직일 수 있습니다.

Step 3 SEE : 성과 평가

리더가 어려움을 느끼는 순간 중 하나가 바로 낮은 평가 등급을 받은 구성원과의 평가 면담입니다. 회사의 정책에 따라 상대평가가 이루어지다 보니 누군가에게는 낮은 등급이 할당될 수밖에 없습니다. 하지만 누구도 낮은 등급을 기꺼이 받아들이기는 어렵습니다. 승진이나 보상과 직접적으로 연결되기 때문에 더욱 그렇습니다.

리더로서는 나름의 이유로 C등급을 부여했을지라도 구성원이 낙심할 것을 예상하면 마음이 불편해질 수밖에 없습니다. 이러한 상황에서 면담 시간은 낮은 평가를 준 이유를 설명하는 변명의 자리로 전락하기 쉽습니다. 이때 구성원은 자기방어 기제로 낮은 평가를 받은 것에 대한 저항감이 커지기도 하는데, 이는 구성원과 리더 간의 신뢰를 훼손하며 성과 향상에도 악영향을 미칠 수 있습니다. 그래서 성과 평가 면담은 평가 결과가 공식적으로 오픈되지 않은 단계에서 더욱 효과적으로 이루어질 수 있습니다. 성과 평가 면담의 목적은 1년간의 성과를 리뷰하고 원인과 개선점을 함께 살펴보며 더 나은 미래 성과를 도모하는 데 있습니다. 이런 과정을 통해 구성원이 평가 결과를 수용하게 만드는 것이 매우 중요합니다.

성과 평가 면담에서 효과적인 접근 방법

성과 평가 면담을 진행할 때는 리더가 평가를 일방적으로 통보하지 않는 것이 중요합니다. 질문으로 구성원이 스스로 자신의 성과를 평가해 보도록 기회를 제공하는 것이 좋습니다. 이 과정에서 성과와 미흡했던 점을 객관적으로 평가하도록 돕고, 외부 요인과 내부 요인을 함께 검토하며 과거와 미래를 균형 있게 바라볼 수 있는 환경을 만들어야 합니다. 그래서 구성원은 자신의 발전 가능성을 더욱 명확히 인식하고, 리더와의 신뢰를 바탕으로 성과 개선에 대한 동기를 가지게 됩니다.

기준	질문
과거	• 가장 의미 있는 성과는 무엇인가요? 왜 그렇게 생각했나요? (내부 원인만 언급할 경우) 조금이라도 도움이 되었던 지원이나 상황이 있었나요? • 가장 아쉬웠던 결과는 무엇인가요? 왜 그렇게 생각했나요? (외부 원인만 언급할 경우) 혹시 OO님이 더 잘해 보고 싶었던 것이 있을까요? 다시 기회가 생긴다면 어떤 부분을 바꾸어 보고 싶어요? • 올해의 과제를 통해 성장했다고 느끼는 부분이 무엇인가요? 왜 그렇게 생각했나요?
미래	• 앞으로 어떤 일을 해 보고 싶나요? • 그 일을 하기 위해 개발해야 할 것은 무엇이 있을까요? • 회사/팀장의 지원이 필요한 부분은 무엇이 있을까요?

구성원은 각기 다른 성향을 가지고 있어서 면담에서 질문을 하더라도 미흡한 결과의 원인을 모두 외부 요인으로 돌릴 수도 있습니다. 이러한 상황에서는 리더가 자신의 의견을 명확하게 설명하고 근거를 제시하는 것이 구성원의 성장에 큰 도움이 될 수 있습니다.

그래서 평소 꾸준히 기록을 남기는 것이 중요합니다. 기록은 객관적이고 근거 있는 피드백을 제공하는 데 필수적입니다. 또한 이러한 피드백은 연말에 한꺼번에 전달하기보다 수시로 진행하는 것이 바람직합니다. 피드백을 지속해서 제공하면 구성원은 자신의 현재 상황과 발전 가능성을 더 명확히 이해할 수 있으며, 더 나은 성과를 도출할 수 있습니다. 리더의 꾸준한 피드백과 명확한 의견 제시는 구성원의 성장을 돕고 나아가 팀과 조직 전체의 성과를 높이는 중요한 역할을 합니다.

현장에서 목표 관리 PLAN-DO-SEE를 실행하는 리더의 주요 고민

목표 관리의 PLAN-DO-SEE를 실행하는 과정에서 리더가 흔히 겪는 고민을 각자 정리해 보고 이 책의 저자 5인의 시선에서 의견을 더해 봤습니다. 리더가 현장에서 직면하는 실질적인 어려움과 이를 해결하기 위한 방향성을 제시하는 데 도움이 될 것입니다.

Q 올해 승진하려면 A등급이 필요한데, 결과를 보니 B 밖에 줄 수 없을 것 같아요.

A 다른 구성원과의 형평성을 고려하고 공정성을 유지하기 위해 B등급을 부여하는 것이 맞습니다. 그러나 구성원으로서 승진과 연결된 등급 평가에 실패하면 실망감을 느낄 수 있고, 이는 리더에 대한 신뢰와 동기부여에도 영향을 미칠 수 있습니다.

이 문제를 해결하려면 승진 대상자와의 목표 설정 단계에서부터 명확한 전략을 세워야 합니다. 난이도가 높은 도전적인 과제를 의도적으로 부여하고, 이를 달성할 수 있도록 리더가 자원을 지원하며 적극적으로 코칭하는 노력이 필요합니다.

이 과정에서 과제의 난이도가 명백히 높고 누구나 어렵다고 느낄 만한 과제라는 것을 팀원에게 투명하게 알리는 것도 중요합니다. 목표 달성을 위해 구성원이 기울인 노력과 리더의 지원이 명확히 드러난다면 연말에 A등급을 부여하더라도 다른 구성원의 반발을 줄일 수 있습니다. 특히 승진 대상자에게 달성할 수 있는 어려운 목표를 설정한 뒤 이를 체계적으로 지원하는 과정은 공정성과 팀 내 신뢰를 동시에 확보할 수 있는 중요한 전략이 될 것입니다.

5인 5색 코멘트

이인규 ▶

리더는 구성원의 노력과 성과를 객관적으로 평가해야 하지만, 승진이 걸린 평가에서는 더 큰 고민이 생길 수 있습니다. 저는 이럴 때 공정성을 지키되 구성원의 동기를 꺾지 않는 방향을 선택하겠습니다. 목표 설정부터 난이도 있는 과제를 부여하고 지원을 아끼지 않아 연말 평가에서 구성원의 기여도가 명확히 드러나도록 해야 합니다.

한지민 ▶

승진은 구성원에게 중요한 사건이지만 팀 전체의 공정성을 해칠 수는 없습니다. 난이도 높은 과제로 승진 대상자가 스스로 기회를 만들어 가게 돕는 방식이 가장 효과적입니다. 리더는 공정성을 지키면서 구성원 개개인의 동기와 성과를 연결해야 합니다.

김지혜 ▶

공정성과 팀 내 신뢰는 리더가 가장 먼저 지켜야 할 가치입니다. 승진 대상자에게 도전적인 과제를 설정해 공정한 기준을 확보하면, A등급을 부여하더라도 다른 구성원의 반발을 줄일 수 있습니다. 리더로서 구성원의 노력과 기여를 투명하게 보여 주는 것이 중요합니다.

오지민 ▶

리더는 때로 구성원 개인의 상황과 팀 전체의 조화를 동시에 고려해야 합니다. 제가 만약 리더라면 공정한 평가 기준을 유지하되 승진 대상자에게 도전

적인 과제를 부여하고 그 과정을 투명하게 공유하여 승진 과정에서 신뢰를
확보하도록 하겠습니다.

이주란 ▶
저는 승진이 걸린 평가라 하더라도 리더로서 명확한 기준과 공정한 절차를
따르는 것을 우선시합니다. 구성원에게는 노력의 기회를 제공하고 팀원들
에게도 승진 과정이 공정하게 이루어졌다는 믿음을 심어 줘야 합니다.

Q **상대평가로 인해 팀 내에서 A등급을 두 명에게만 줄 수 있는데, A 수준
의 직원이 세 명이에요.**

A 이러한 상황에서는 먼저 목표 설정 과정에서 기준의 엄격성을 점검해야
합니다. 만약 목표가 지나치게 낮게 설정되었다면, 평가에서 A등급을 두
명 이상 부여해야 하는 상황이 발생할 수 있습니다.

B등급은 단순히 성실히 노력해서 달성할 수 있는 수준이 아니라 상당한
노력을 기울여야만 달성할 수 있는 목표로 설정하는 것이 적합합니다.
구성원이 목표를 보며 '열심히 노력해야겠다'고 느낄 정도로 난이도를
조정해야 합니다.

반면 A등급은 기대 이상의 성과를 보였을 때 부여하는 것으로 설정해야
하며, 이 수준은 구성원이 목표 달성을 넘어 조직에 큰 기여를 했을 때 정
당화될 수 있어야 합니다. S등급은 이를 뛰어넘어 전사적으로 공유할 만
한 모범 사례를 만들어 냈을 때 부여하면 평가 기준이 더 명확해집니다.

만약 목표를 도전적으로 설정했음에도 세 명 모두 A등급 수준의 성과를
냈다면, 리더는 2차 상사나 인사팀과 논의하여 평가 등급 조정을 요청하
는 것도 방법입니다. 이를 통해 공정성과 납득할 수 있는 평가 결과를 도
출할 수 있습니다.

이인규 ▶

이때는 목표의 난이도를 다시 점검해야 합니다. 평가 등급을 정할 때 객관적인 기준을 세우고, A등급을 받을 기준을 명확히 설정한 뒤 평가 등급 조정 권한을 가진 상사와 논의하는 것이 필요합니다.

한지민 ▶

평가 기준이 명확해야 공정한 결과를 얻을 수 있습니다. 저는 A등급이 팀 내에서 얼마나 중요한 성과를 의미하는지 다시 정의하고, 조정이 필요한 경우 상급자와 논의하겠습니다.

김지혜 ▶

팀 내에서 A등급 기준이 명확하다면 리더는 자신 있게 기준을 적용해야 합니다. 또한 세 명의 기여도를 평가 기준에 따라 분명히 나눠 상대평가의 결과를 구성원이 납득할 수 있도록 설명하는 것이 중요합니다.

오지민 ▶

저는 이럴 때 목표 설정이 적절했는지를 먼저 살펴봅니다. 모든 구성원이 도전적 목표를 향해 노력했다면, 평가 조정 권한이 있는 상사와 합리적인 조정을 논의하는 것도 좋은 방법입니다.

이주란 ▶

평가에서 A등급을 받을 기준을 분명히 해야 합니다. 평가 결과가 공정하다는 신뢰를 구성원에게 심어 주는 것이 리더의 역할이기 때문입니다.

Q 수시로 발생하는 업무가 많은 부서인데, 난이도 높은 업무가 특정 구성원에게 몰립니다. 이 구성원은 매일 야근하는데 평가에 반영하기도 어렵습니다.

A 부서 특성상 이러한 상황이 자주 발생한다면, MBO에 수명 과제(수시 업무 항목)를 추가하는 것을 고려해야 합니다. 그래서 해당 구성원의 공헌을 공식적으로 인정하고 평가에 반영할 수 있는 구조를 마련해야 합니다.

수명 과제를 MBO에 포함하지 않고 단순히 '미안하지만 어쩔 수 없다'는 태도로 넘기면 구성원은 의욕을 잃고 역량이 있어도 점차 저성과자로 전락할 가능성이 있습니다.

수명 과제를 MBO에 반영할 때는 그 기여도를 명확히 측정할 수 있는 기준을 마련하는 것이 중요합니다. 예를 들어 수시 업무의 난이도, 수행 횟수, 기한 준수 여부 등을 평가 기준에 포함하면 보다 객관적이고 공정한 평가가 가능합니다. 또한 수시 업무가 특정 구성원에게 편중되지 않도록 팀원 간 역할 분배를 재조정하거나 필요하다면 리더가 직접 업무량을 조율하는 것도 필요합니다.

5인 5색 코멘트

이인규 ▶

저는 수시 업무의 기여도를 MBO 항목에 포함시켜 구성원이 공헌한 부분을 인정하겠습니다. 또한 업무가 특정 구성원에게 집중되지 않도록 분배 방식을 개선할 필요가 있습니다.

한지민 ▶

수시 업무는 팀워크와 성과를 동시에 고려해야 합니다. 저는 구성원의 업무량과 기여도를 자세히 점검하고 공정한 평가를 위해 MBO 항목에 수시 업무를 추가하는 방법을 제안하겠습니다.

김지혜 ▶

리더로서 특정 구성원에게 업무가 몰리는 상황은 방치할 수 없습니다. 저는 MBO 항목에 수시 업무를 포함하고, 리더가 업무 분배에 적극적으로 개입해 구성원의 부담을 줄이는 방식으로 접근하겠습니다.

오지민 ▶

수시 업무는 구성원의 의욕과 팀 성과에 직접적인 영향을 미칩니다. 저는 업무 분배의 투명성을 높이고, 수시 업무를 공식적인 평가 항목으로 포함하는 것이 필요하다고 봅니다.

이주란 ▶

수시 업무는 팀원들의 신뢰를 유지하는 데 중요한 요소입니다. 저는 구성원의 기여도를 공식적으로 인정하기 위해 MBO 항목을 조정하고, 리더로서 업무 분배에 적극적으로 관여하겠습니다.

Q 도전적인 과제를 기피하고 달성이 쉬운 과제만 받으려는 직원이 있습니다.

A 도전적인 과제를 꺼리는 구성원이 있다면, 리더는 미리 평가 기준과 목표 수준을 명확히 설명하는 것이 중요합니다. 쉬운 목표를 선택하면 B 이상 평가를 받을 수 없다는 점을 사전에 알려야 합니다. 그래서 구성원이 도전적인 과제를 받아들이도록 유도할 수 있습니다.

쉬운 목표를 잡고 초과 달성했다고 해서 A등급을 요구하는 상황이 발생하지 않도록 도전 과제와 평가 기준 간의 연결성을 분명히 하는 것이 필요합니다. 구성원에게 도전적인 목표를 제시할 때는 왜 이러한 목표가 필요한지 그리고 달성했을 때 어떤 개인적, 조직적 성장이 있을지 설명하여 동기부여를 강화하는 것도 중요합니다.

또한 도전적인 목표에 대해 지속적인 지원을 약속하고 구성원의 성과를 작은 단위로 점검하며 긍정적인 피드백을 제공하면, 구성원이 도전 과제를 수용하는 데 더 적극적으로 될 수 있습니다.

5인 5색 코멘트

이인규 ▶

쉬운 목표는 도전적 목표를 설정한 다른 구성원에게도 영향을 미칩니다. 저는 평가 기준을 명확히 공지하고, 도전 과제의 중요성을 강조하며 이를 선택하도록 유도하겠습니다.

한지민 ▶

도전적인 과제를 꺼리는 구성원에게는 명확한 평가 기준과 함께 지속적인 피드백을 제공하겠습니다. 이를 통해 도전적인 목표의 필요성을 구성원이 이해하도록 돕겠습니다.

김지혜 ▶

쉬운 과제를 선택하려는 경향은 명확한 평가 기준 부재에서 비롯될 수 있습니다. 저는 도전 과제와 평가 결과를 연결하여 구성원이 동기부여될 수 있는 환경을 만들겠습니다.

오지민 ▶

리더는 구성원이 도전적인 목표를 받아들일 수 있도록 동기를 제공해야 합니다. 저는 쉬운 과제를 선택하면 평가 결과가 제한될 수 있음을 명확히 설명하고, 도전 과제의 중요성을 지속해서 강조하겠습니다.

이주란 ▶

도전 과제를 선택하지 않는 구성원에게는 명확한 평가 기준을 제시해야 합니다. 저는 평가와 목표 설정을 투명하게 관리하며, 구성원이 도전 과제를 통해 성장할 수 있는 환경을 제공하겠습니다.

저성과자, 그들은 누구인가

조직에서 저성과자를 정의하고 관리하는 것은 매우 중요합니다. 저성과자를 명확하게 규정하지 않으면 주관적인 판단으로 불공정한 평가가 이루어질 수 있습니다. 어떤 조직에서는 상사의 개인적인 호불호나 주관적인 판단에 따라 특정 직원을 저성과자로 분류하기도 합니다. 이러한 방식은 객관성이 부족하여 공정한 인사 관리를 저해할 수 있습니다.

저성과자는 단순히 태도나 능력의 문제가 아니라 정해진 기간 내에 성과 목표 대비 실제 성과가 낮은 직원을 의미합니다. 따라서 저성과자를 판단할 때는 신뢰성 있는 기준과 객관적인 성과 지표를 활용해야 합니다. 판매 부서에서는 월간 판매 목표 대비 실제 판매 실적을 기준으로 삼을 수 있습니다. 이러한 객관적인 지표를 통해 저성과자를 판단하면, 평가의 공정성을 높일 수 있습니다.

또한 저성과자의 원인이 무엇인지 파악하는 것도 중요합니다. 성과 저하의 원인이 역량 부족인지, 동기부여의 문제인지 아니면 개인적인 사유인지에 따라 대응 방법이 달라집니다. 역량 부족으로 인한 저성과 자에게는 교육과 훈련을 제공하여 역량을 향상시킬 수 있도록 지원해야 합니다. 반면 동기부여의 문제로 인한 저성과자에게는 업무 재설계나 보상 체계의 개선 등으로 동기를 부여할 수 있습니다.

마지막으로 저성과자를 관리할 때는 공정하고 객관적인 평가 기준을 적용해야 합니다. 주관적인 판단이나 개인적인 감정에 의해 저성과자를 분류하면, 조직 내 불만을 초래하고 전체적인 생산성을 저하시킬 수 있습니다. 따라서 명확한 기준을 세우고 이를 기반으로 저성과자를 판단 하고 관리하는 것이 중요합니다. 이러한 과정을 통해 조직은 저성과자를 효과적으로 관리하고 전체적인 성과를 향상시킬 수 있습니다. 명확한 기준과 객관적인 평가를 통해 공정한 인사 관리를 실현하고 조직의 경쟁력을 강화할 수 있습니다.

오피스 빌런(?), 썩은 사과 저성과자 관리가 중요한 이유

해병대, 특전사, 육군 등 전략, 체력, 정신력까지 모두 뛰어난 군인들 이 임무를 수행하며 경쟁하는 서바이벌 TV 프로그램 〈강철부대〉는 매시즌 높은 시청률을 기록하며 시청자에게 큰 관심을 받고 있습니다. 각 부대가 가진 특성과 강점 덕분에 특정 미션에서는 어느 부대가 유리할지 짐작할 수 있는데요. 하지만 예상과는 다른 결과가 나와 시청자를 놀라게 하는 경우도 종종 있습니다.

해군과 육군이 맞붙었던 해상 탈환 침투 작전이 바로 그런 순간 중 하나였습니다. 시청자는 당연히 해군의 승리를 예상했습니다. 바다에서의 경험과 훈련이 풍부한 해군이 익숙한 환경에서 압도적인 승리를 거둘 것이라고 믿었기 때문입니다. 그러나 결과는 예상과 달리 육군이 승리하였습니다.

해군은 왜 패배했을까요? 보트를 패들링 하며 작전 함으로 향하던 중 해군 대원 중 한 명이 체력이 떨어지면서 패들링을 제대로 할 수 없었고, 그 결과 보트의 좌우 균형이 깨져 방향을 잃고 빙빙 돌기만 했습니다. 반면 육군은 네 명 모두가 균형 잡힌 힘을 발휘하며 구령에 맞춰 보트를 빠르게 전진시켰습니다.

훈련 경험이 적었던 육군이 승리할 수 있었던 이유는 간단합니다. 팀원 모두가 조화를 이루며 비슷한 힘을 낼 수 있었기 때문입니다. 한 사람의 약점이 팀 전체를 흔들지 않도록 모두가 힘을 보탠 것이 승리의 비결이었습니다.

리더에게 저성과자는 마치 패들링을 멈춘 대원과 같습니다. 저성과자가 있다면 팀은 방향을 잃고 제자리에서 맴돌게 됩니다. 그로 인해 다른 구성원은 부족한 몫을 메우느라 본인의 기량을 충분히 발휘하지 못하게 됩니다. 결국 저성과자의 문제는 개인의 문제를 넘어 팀 전체의 문제로 확산됩니다.

상자 속 썩은 사과가 옆의 건강한 사과까지 썩게 만드는 것처럼 조직 내 저성과자는 다른 구성원의 동기와 성과에도 부정적인 영향을 미칩니다. 이는 곧 조직의 생산성과 효율성을 떨어뜨리고 조직 문화를 병들게 만듭니다. 조직의 경쟁력을 강화하기 위해서는 내부의 효율성과 생산성을 점검하고 저성과자를 체계적으로 관리해야 합니다.

'인사가 만사'라는 말이 있습니다. 조직의 성공은 좋은 인재를 선발하고 육성하며 구성원이 조직의 성장에 기여하도록 돕는 데 달려 있습니다. 하지만 잘못된 채용과 방치된 저성과자는 팀의 분위기를 해치고 궁극적으로 조직 전체의 성과에까지 영향을 미칩니다. 리더의 역할이 중요한 이유가 바로 여기에 있습니다. 저성과자는 단순히 리더 개인의 노력만으로 해결할 수 없는 문제입니다. 개선까지는 오랜 시간이 걸리고 그 과정에서 팀 분위기와 팀워크 심지어 조직의 목표 달성에도 악영향을 미치기 때문입니다.

조직에서는 일반적으로 고성과자를 핵심 인재로 분류하고 육성하며 그들의 근속률을 높이기 위한 세심한 관리를 합니다. 하지만 고성과자만큼이나 저성과자에 대해서도 관심을 기울여야 합니다. 한 명의 저성과자는 수명의 고성과자가 만든 성과를 갉아먹을 수 있기 때문입니다. 일반적으로 저성과자는 현재의 성과가 낮고 정해진 목표를 지속해서 충족하지 못하며 미래의 잠재력도 낮은 구성원을 의미합니다. 일부 조직에서는 평가 등급이 C 이하인 상태가 연속 3년 이상 지속되면 저성과자로 분류하기도 합니다.

과거에는 저성과자를 단순히 역량이 부족한 구성원으로만 인식했다면, 이제는 더욱 세분화된 관점이 필요합니다. 조직심리학자 에드워드데밍의 85:15 법칙에 따르면, 저성과자의 문제 중 15%만 개인의 문제이고, 나머지 85%는 조직 시스템의 문제에서 비롯됩니다. 인사제도, 리더십, 조직 문화 등의 요인이 저성과자의 성과와 의욕에 영향을 미치는 것입니다. 결국 저성과자는 개인의 문제가 아니라 조직의 문제이며 그 결과로 나타나는 경우가 많습니다.

저성과자, 조금 더 깊이 이해해 보기

폴 허쉬와 캔 블랜차드가 제시한 상황대응 리더십의 역량/의욕 도표(108쪽 참고)를 살펴보면, 저성과자에 대한 이해가 더욱 깊어질 수 있습니다. 과거에는 저성과자를 단순히 역량이 낮은 구성원으로만 인식했습니다. 그래서 주로 도표의 3사분면(역량과 의지가 모두 낮음)과 4사분면(의지는 있지만 역량이 낮음)에 해당하는 구성원을 저성과자로 보았습니다.

하지만 최근에 역량은 매우 높지만 의지가 부족하여 최소한으로만 일을 수행하는 2사분면의 구성원도 저성과자로 포함하고 있습니다. 이는 저성과자의 범위를 역량뿐 아니라 의욕까지 고려해 더 포괄적으로 접근하고 있다는 의미입니다.

이러한 변화는 리더에게 중요한 메시지를 전달합니다. 저성과자는 단순히 역량을 끌어올리는 것만으로 해결되지 않습니다. 근무 의욕과

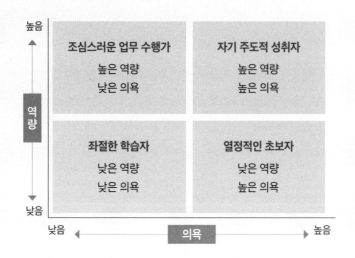

상황대응 리더십(Situational Leadership)

높음 ↑	조심스러운 업무 수행가 높은 역량 낮은 의욕	자기 주도적 성취자 높은 역량 높은 의욕
역량	좌절한 학습자 낮은 역량 낮은 의욕	열정적인 초보자 낮은 역량 높은 의욕
낮음 ↓		

낮음 ← **의욕** → 높음

동기를 회복시키는 노력이 동시에 이루어져야 합니다. 리더는 구성원이 가진 역량을 최대한 발휘하도록 도울 뿐만 아니라 그들이 일을 대하는 태도와 동기까지 세심하게 살펴야 합니다. 결국 저성과자 관리의 핵심은 구성원의 역량과 의욕을 균형 있게 향상시키는 데 있습니다. 단순히 성과를 개선하는 데 그치지 않고 팀 전체의 성장과 분위기에도 긍정적인 영향을 미칠 것입니다.

썩은 사과 도려내기, 저성과자의 판단과 대응 방법

환자의 증상에 맞는 정확한 처방을 내리기 위해서는 철저한 진료가 필요합니다. 환자를 관찰하며 그의 상태를 이해하고, 기저질환 등 사전 정보를 충분히 수집하는 과정이 중요하죠. 조직 내 저성과자 문제를 해결하기 위한 과정도 별반 다르지 않습니다. 조직에는 다양한 유형의 구성원이 존재합니다. 그중에서 저성과자의 유형을 정확히 이해하고 각 유형에 맞는 대응 방식을 고민하는 것은 리더의 중요한 과제입니다.

1) 미덥지 않아, 리더가 보기에 일도 열정도 한참 부족한 구성원(좌절한 학습자)

업무 수행에 있어 역량과 의욕이 모두 부족한 구성원은 조직 내에서 특별한 주의와 지원이 필요합니다. 이러한 구성원은 주로 경력과 경험이 짧은 신입사원이나 직무 전환자 중에서 반복적으로 과업을 달성하지 못하거나 직무가 자신에게 적합하지 않다고 느끼는 경우에 해당합니다. 이들은 '좌절한 학습자'로 불리며 리더의 적극적인 개입이 요구됩니다.

먼저 이 구성원의 역량을 향상시키는 데 필요한 학습 기회를 충분히 제공해야 합니다. 낮은 수준의 과업을 부여하고 구체적으로 어떻게 수행해야 하는지 방법과 기대되는 결과를 명확하게 지시하는 것이 중요합니다. 수행 과정에서도 적극적으로 개입하여 진행 상황을 점검하고 추가적인 지원이 필요한지를 세심하게 살펴야 합니다. 이러한 작은 과업에서 성과를 내도록 하여 구성원에게 작은 성공을 경험하게 합니다. 이는 무기력 상태에서 벗어나 더 큰 과제에 도전할 수 있는 동기를 부여합니다.

그러나 구성원의 수준을 고려하여 부여한 과업에서도 지속해서 어려움을 겪는다면 현재 맡은 역할이 적합하지 않을 수 있습니다. 이때는 다른 역할을 부여하여 새로운 시도를 끌어내는 것도 방법입니다. 만약 다른 역할에서도 동일한 문제가 반복된다면 직무 자체가 적합하지 않을 수 있으므로 직무 전환을 고려해 볼 필요가 있습니다.

한편 구성원이 자신의 역량 부족을 인지하지 못하는 경우도 종종 발생합니다. 이럴 때는 객관적으로 현재 상황을 보여 주고 개선의 필요성을 스스로 깨달을 수 있도록 돕는 것이 중요합니다. 구성원의 직무에 필요한 지식과 기술을 구체적으로 나열하고 부족한 부분을 명확히 짚어 주는 것이 효과적입니다. 특히 구체적이고 명확한 피드백은 구성원이 자신의 부족한 점을 받아들이고 개선을 위한 동기를 가질 수 있게 합니다. 두루뭉술한 표현보다는 직무의 기준과 기대치를 분명히 전달하는 것이 도움이 됩니다.

경력직 구성원이라면, 이전 회사와 다른 프로세스에 적응하지 못해 일시적으로 역량이 저하될 때가 있습니다. 이들은 이미 해당 직무의 전문가라는 자부심이 있어 도움을 요청하거나 피드백 받는 것을 부담스럽게 느낄 수 있습니다. 이때는 초기 적응을 돕기 위해 조직의 비전과 목표를 명확히 설명하고, 조직의 업무 프로세스를 이해할 수 있는 온보딩 프로그램을 제공하는 것이 중요합니다. 그래야 경력직 구성원이 새로운 환경에 빠르게 적응하고 자신의 역량을 충분히 발휘할 수 있도록 지원할 수 있습니다.

　리더의 역할은 구성원의 부족한 점을 단순히 지적하는 데 그치지 않습니다. 구성원이 현재 상태에서 어떻게 발전할 수 있을지를 제시하고, 이를 위한 실질적인 지원과 피드백을 제공하는 데 있습니다. 이러한 리더의 노력은 구성원의 역량 향상뿐만 아니라 조직의 성과와 분위기를 개선하는 데 큰 기여를 할 것입니다.

2) 열심히 하려는 태도는 좋은데 아직은 안심할 수 없는 구성원(열정적인 초보자)

　신입사원 시절, 원하는 회사에 합격했을 때의 설렘, 무엇이든 해낼 수 있을 것 같은 자신감과 잘해 내고 싶은 열정이 가득했을 것입니다. 그러나 회사는 학교와 달라 기존에 배운 지식만으로는 모든 업무를 수행하기 어려웠을 것입니다. 마치 책과 영상으로 골프를 공부해도 필드에서 시원한 스윙을 하기 어려운 것과 같습니다. 골프채를 잡는 방법, 올바른 자세, 부드러운 스윙은 코치에게 배우고 수백 번의 연습을 통해서만 탄탄한 기본기를 갖출 수 있습니다.

　열정이 넘치는 초보 구성원이 탄탄한 기본기를 갖추도록 교육, 코칭, OJTOn-the-Job Training를 통해 학습 기회를 충분히 제공해야 합니다. 특히 선임들의 업무 수행을 관찰하거나 배울 수 있는 기회를 마련하는 것이 좋습니다. 이때 리더가 직접 이러한 역할을 수행하기보다는 중간 관리자 중 적절한 코치를 매칭해 주는 것이 더 효과적일 수 있습니다. 리더의 코칭과 피드백은 때로 무겁게 느껴질 수 있으므로, 더 유연한 환경에서 비형식 학습이 이루어지도록 하는 것이 중요합니다. 업무 규모가 크다면 역량 있는 선임과 함께 업무를 수행하도록 배치하는 것도 좋은 방법입니다. 이러한 경험으로 구성원은 실무를 통해 필요한 기술과 경험을 자연스럽게 익힐 수 있습니다.

구성원에게는 업무 수행 자체가 성장 과정입니다. 따라서 촉박하게 결과물을 요구하기보다는 시행착오를 고려하여 여유 있게 시작 시점을 잡고, 스스로 고민하고 노력할 수 있도록 리더도 조급해하지 않도록 노력해야 합니다.

3) 일은 꽤 하는 것 같은데 적극적이지 않아. 역량은 있지만 의욕이 부족한 구성원(조심스러운 업무 수행가)

겉보기에는 일을 잘하는 것 같지만 의욕이 부족한 구성원이 있다면 리더는 그들의 동기를 살펴보아야 합니다. 이들이 어떤 상황에서 동기 부여를 받거나 상실하는지를 파악하는 것이 중요합니다. 구성원이 프로젝트를 수행할 때 적극적으로 전념하며 피드백을 요청하거나 주도적인 활동을 보이는지 관찰해야 합니다. 만약 이런 모습이 보이지 않는다면 리더는 구성원의 동기를 회복시키기 위한 해결책을 마련해야 합니다.

고역량 직원의 의욕 부족 원인은 다양합니다. 중요한 프로젝트에서의 실패 경험, 직무 적합성 문제, 단조로운 업무로 인한 매너리즘, 불공정한 업무 분배와 평가, 적절하지 않은 보상, 조직 문화 부적응 등 다양한 요인이 동기 저하의 원인이 될 수 있습니다. 개인적인 사유로는 이혼, 질병 등도 동기 상실의 원인이 될 수 있습니다. 저성과자가 열 명이라면 그 이유도 열 가지일 것입니다. 리더는 다양한 원인을 파악하고 구성원 개개인에게 맞는 동기부여 전략을 수립해야 합니다. 그렇게 구성원의 의욕을 회복시키고 조직의 성과를 향상시킬 수 있을 것입니다.

조직 내 공정성과 동기부여의 상관 관계를 생각해 보면 공정성에 대한 의구심은 구성원의 의욕을 떨어뜨리는 주요 요인 중 하나입니다. 종종 긍정적인 태도로 과제를 잘 수행하는 구성원에게 더 어려운 추가 업무가 몰리곤 합니다. 이런 상황은 해당 구성원이 다른 사람들에 비해 더 많은 일을 하고도 정당한 평가와 보상을 받지 못한다고 느끼게 만듭니다. 그래서 성과를 내더라도 평가와 보상이 뒤따르지 않으면 구성원의 동기는 빠르게 사라질 수밖에 없습니다.

리더가 보상을 즉각적으로 제공하기는 어렵더라도, 평가 과정에서 구성원의 기여를 충분히 인정하는 것은 매우 중요합니다. 과거 높은 성과를 보였던 고성과자가 어느 순간 냉소적이고 소극적인 태도를 보인다면, 이들이 공정성을 의심한 경험이 있는지 확인하는 것이 필요합니다.

매너리즘에 빠진 구성원은 새로운 동기부여가 필요합니다. 약간 더 도전적인 과제나 새로운 유형의 업무를 부여하면 일을 통한 성장의 기회를 제공할 수 있습니다. 필요하다면 관련된 교육 프로그램을 추가로 제공하는 것도 좋은 방법입니다. 또한 구성원의 역량에 따라 업무를 공정하게 배분하는 것이 중요합니다. 단순히 직급에 따라 업무를 나누는 방식은 공평해 보일 수 있지만 꼭 공정하다고 할 수는 없습니다. 역량 있는 고성과자에게 합당한 대우를 하지 않으면 결국 조직 내 공정성을 잃게 됩니다.

그러나 고성과자의 지나친 자기 과시나 다른 구성원을 무시하는 태도 역시 주의해야 합니다. 이러한 구성원은 팀의 중요한 자산이 될 수 있지만 리더가 지나치게 편애하는 모습을 보인다면 다른 구성원의 의욕을 꺾을 수 있습니다. 따라서 공정성의 틀 안에서 이들을 관리해야 합니다.

정년퇴직을 앞두고 있거나 선후배 관계가 역전된 경우처럼 특수한 상황에서도 구성원은 의욕을 잃을 수 있습니다. 이때는 특히 대응이 어려울 수 있지만 리더의 진정성 있는 접근이 필요합니다. 구성원이 팀의 목표에 기여할 수 있도록 협조를 요청하며 팀이 원활히 운영될 수 있도록 구성원을 설득하는 방법을 시도해야 합니다.

리더는 구성원의 의욕 저하를 단순히 개인의 문제로 치부하지 말고 그 원인을 깊이 파악해야 합니다. 적절히 대응하여 구성원이 다시 동기를 찾고 팀과 조직에 긍정적으로 기여할 수 있도록 돕는 것이 리더의 중요한 역할입니다.

4) 성과는 있지만 조직에 해를 끼치는 '썩은 사과'(자기 주도적 성취자 중 태도에 문제가 있는 경우)

조직 내에서 구성원은 원활한 소통과 긴밀한 협업으로 관계를 형성하고 발전시켜야 합니다. 그러나 일부 구성원은 이러한 과정에서 어려움을 겪을 수 있습니다. 협업에 소극적이거나 이기적으로 행동하는 사람, 오만한 태도로 동료들에게 희생을 강요하거나 감정적 소모를 유발하는 구성원은 팀워크와 조직 문화를 해칠 수 있습니다. 리더는 이러한 구성원의 커뮤니케이션 방식을 주의 깊게 살펴야 합니다. 특히 직접적으로 드러나지 않지만, 은근히 다른 사람을 괴롭히거나 리더의 조언에 겉으로는 동의하지만 실제 행동으로 이어지지 않는 경우가 해당합니다.

이러한 상황에서는 리더의 명확하고 단호한 개입이 필요합니다. 부적절한 행동에 대해 구체적으로 설명하고 개선이 이루어지지 않는다면 결과를 분명히 알려야 합니다. 리더가 단기적인 성과에만 집중하여 이러한 문제를 간과하거나 묵인해서는 안 됩니다. 동료애가 부족한 구성원은 협업이 중요한 조직의 성과에 부정적인 영향을 미칠 수 있으며, 결국 리더의 자질과 조직의 신뢰성까지 흔들 수 있습니다. 따라서 리더는 구성원 간의 원활한 소통과 협업을 촉진하고, 문제를 일으키는 행동에 대해 신속하고 단호하게 대응해야 합니다. 그래서 건강한 조직 문화를 유지하고 모든 구성원이 함께 성장할 수 있는 환경을 조성할 수 있습니다.

조직 내에서 성과를 잘 내고 의지도 높은 구성원은 리더에게 매우 소중한 존재입니다. 그러나 이러한 구성원이 자신의 성과에 도취해 다른 동료를 무시하거나 냉소적인 태도를 보인다면, 조직 문화에 부정적인 영향을 미칠 수 있습니다. 이러한 태도는 자신 중심의 파벌 형성, 타인의 업무 방해 심지어 괴롭힘으로 이어질 수 있습니다.

리더는 이러한 문제를 조기에 발견하고 해결해야 합니다. 구성원과 지속해서 소통하며 조직의 성과를 저해하는 '썩은 사과'가 있는지 세심하게 살펴야 합니다. 문제 행동을 간과하거나 단기적인 편의를 위해 묵인한다면 장기적으로 조직 전체에 악영향을 미칠 수 있습니다.

협업과 동료애는 조직의 성과와 직결됩니다. 이를 훼손하는 구성원은 단호하게 관리해야 하며 개선되지 않으면 적절한 조처를 해야 합니다. 리더의 꾸준한 관찰과 대화, 명확한 태도가 문제 해결의 시작점이 될 것입니다.

저성과자와 함께하는 동행, 가능할까

조직 내에서 성과가 저조한 구성원 이른바 저성과자의 문제는 리더에게 큰 도전 과제입니다. 이들의 성과 저하는 다양한 원인에 기인하며 그에 따른 대응 방법도 다채롭습니다. 리더는 이러한 문제를 해결하기 위해 최선을 다해야 하지만 때로는 조직 차원의 제도적 지원이 필요합니다.

리더는 자신이 모든 구성원을 변화시킬 수 있다는 과도한 자신감을 경계해야 합니다. 사람의 변화는 쉽지 않으며 생각이 행동으로 이어지기까지는 많은 시간과 노력이 필요합니다. 작은 변화라도 긍정적으로 받아들이며 인내심을 가지고 지켜보는 자세가 중요합니다.

그러나 여러 차례 피드백을 제공했음에도 불구하고 개선의 여지가 보이지 않는다면 리더는 단호한 결단을 내려야 합니다. 개선을 위해 노력하는 저성과자에게는 1~2년의 시간을 주어 새로운 업무 주기에서 더 나은 결과를 기대할 수 있습니다. 하지만 노력조차 하지 않는 구성원에 대해서는 인사팀과 협의하여 전보나 권고사직 등의 조치를 고려해야 합니다.

리더는 정원사와 같습니다. 잠시라도 게으름을 피우면 잡초가 무성해지고 꽃은 시들 수 있습니다. 꾸준한 관찰과 관리로 잡초를 제거하고 해충을 잡으며 물과 비료를 주어야 아름다운 정원을 유지할 수 있습니다. 마찬가지로 리더는 구성원을 지속해서 관찰하고 문제가 발생하기 전에 적절한 조처를 해야 합니다. 또한 리더 스스로가 구성원을 저성과자로 만드는 원인은 아닌지 성찰하는 시간도 필요합니다.

조직 내 저성과자 문제는 업무 분위기를 저해하고 유능한 구성원의 업무 부담을 증가시키며 조직 내 불공정을 초래하여 불만을 일으킬 수 있습니다. 이는 조직의 효율성과 생산성에 부정적인 영향을 미쳐 성공에 중요한 요인이 됩니다. 따라서 리더는 저성과자 관리로 팀의 목표를 달성하고 성과를 향상시키는 리더십을 발휘해야 합니다. 나아가 조직의 성공과 경쟁력 강화를 위해 저성과자 문제는 반드시 해결해야 할 과제입니다.

저성과자 이슈 발생 원천 차단을 위한 도구

채용 과정에서 지원자의 역량과 태도를 정확히 파악하는 것은 매우 중요합니다. 이때 레퍼런스 체크는 지원자의 과거 업무 성과와 조직 내 협업 능력을 확인하는 핵심 절차로, 지원자가 실제로 조직에 잘 적응하고 기여할 수 있을지 판단하는 데 큰 도움을 줍니다. 특히 경력직 채용의 경우 레퍼런스 체크로 지원자의 업무 태도, 성과, 조직 내 협업 능력 등 실제 근무 역량을 파악하여 채용 리스크를 효과적으로 줄일 수 있습

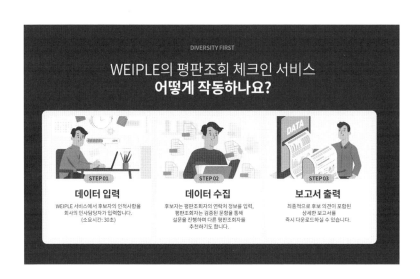

WEIPLE의 평판조회 체크인 서비스
어떻게 작동하나요?

STEP 01
데이터 입력
WEIPLE 서비스에서 후보자의 인적사항을
회사의 인사담당자가 입력합니다.
(소요시간: 30초)

STEP 02
데이터 수집
후보자는 평판조회자의 연락처 정보를 입력,
평판조회자는 검증된 문항을 통해
설문을 진행하며 다른 평판조회자를
추천하기도 합니다.

STEP 03
보고서 출력
최종적으로 후보 의견이 포함된
상세한 보고서를
즉시 다운로드하실 수 있습니다.

니다. 국내 HR SaaS 시장에는 레퍼런스 체크를 효율적으로 수행할 수 있는 다양한 솔루션이 존재합니다. 그중에서도 글로벌 AI 기반 평판 조회 전문 솔루션인 웨이플Weiple 서비스를 사용하면 편리하게 관리가 가능합니다.

웨이플은 국내외 인재를 대상으로 컬처핏, 직무핏, 윤리핏 등 세분화된 문항을 통해 기업이 올바른 채용 결정을 내릴 수 있도록 돕습니다. 웨이플 솔루션은 제공된 인재상 키워드 중 자사에 적합한 키워드를 선택해 우리 회사에 맞는 문항을 지원자에게 질문할 수 있도록 지원합니다. 또한 실제로 궁금한 내용을 직접 입력해 맞춤형 질문을 생성할 수도 있어 유연하고 효과적으로 활용할 수 있습니다. 한 기업이 경력직 A씨를 채용하려고 할 때 웨이플의 평판 조회 서비스를 활용하면 A씨의 이

전 직장 상사와 동료로부터 업무 성과와 협업 능력에 대한 객관적인 피드백을 받을 수 있습니다. 이를 통해 A씨가 조직 문화에 적합한 인재인지, 필요한 역량을 갖추고 있는지를 정확히 판단할 수 있어 저성과자로 인한 문제를 사전에 방지할 수 있습니다.

채용 단계에서부터 철저한 레퍼런스 체크를 통해 적합한 인재를 선발한다면 조직 내 저성과자로 인한 부담을 크게 줄일 수 있습니다. 따라서 레퍼런스 체크는 채용 과정에서 반드시 고려해야 할 중요한 절차입니다. 웨이플의 평판 조회 서비스는 이를 효과적으로 지원하는 훌륭한 도구로, 기업이 이를 적극적으로 활용해 사전에 저성과자를 차단하고 더 나은 채용 성과를 달성할 수 있습니다.

리더를 위한 질문

- 구성원이 각자의 목표와 조직의 목표가 어떻게 연결되어 있는지 명확히 이해하고 있나요?

- 현재 팀에서 실행 중인 Plan-Do-See의 주기는 어떻게 설정되어 있나요?

- 성과 평가를 위해 구성원 개개인의 목표 실행 과정을 기록하고 이를 구성원과 정기적으로 공유하고 있나요?

- 구성원을 역량과 의욕 도표에 대입해 본다면 각각 어떤 상태에 있다고 평가되나요?

- 역량이 부족하거나 의욕이 부족한 직원이 있다면 이를 어떻게 대처하고 있나요? 그 방법이 효과적으로 작용했나요?

- 팀원의 자율성과 협업을 촉진하기 위해 필요한 환경은 무엇이라고 생각하나요?

- 리더와 팀원 간 책임의 경계를 명확히 하려면 어떤 방식이 적합할까요?

- 성과 관리 체계가 팀 동기부여에 미치는 영향은 무엇이 있을까요?

03
chapter

조직 관리

관리하지 않으면
조직도, 리더도 흔들린다

동기부여, 팀의 열정을 깨우다

동기를 챙기는 리더의 진짜 이유

'이미 아무것도 안 하고 있지만 더 격렬하게 아무것도 안 하고 싶다'는 유행어가 있었습니다. 마치 그 유행어를 실천하듯 이미 보유한 역량을 충분히 발휘하고 있지 않으면서, 시간이 갈수록 더 안 하고자 하는 구성원을 볼 때면 옅은 한숨이 나오기도 합니다. 주어진 일만을 적당히 하고자 하는 구성원을 다시 움직이게 하려면 무엇이 필요할까요? 아마 많은 리더의 주요 고민일 것입니다.

동기부여의 영어 단어인 모티베이션Motivation은 모티브Motive라는 단어의 'Mot'와 액티브Active라는 단어의 합성어로 '능동적으로 움직이게 하는'이라는 뜻으로 해석될 수 있습니다. 즉 동기부여Motivation란 무엇을 하고자 하는 동기나 의욕을 끌어내는 것으로, 목표를 향해 앞으로 나아가게 만드는 동력을 의미합니다. '마음이 동하면 하겠다', '할 수 있지만 하지 않겠다'는 마음을 바꾸어 주는 마법의 키워드라고 할 수 있습니다.

'저렇게 열정적이고 제 몫을 제대로 해내는 팀원 한 명이라도 있으면 정말 일할 맛 나겠다'라는 생각을 해 본 적이 있나요? 누구의 강요도 아닌 스스로 성장하고 발전하려는 열망으로 가득 찬 구성원의 모습을 보면서, 리더로서의 자신을 한번쯤 돌아보았을지도 모릅니다.

열정과 에너지를 가진 구성원은 항상 자신감에 차 있으며, 본인의 업무에 자부심을 느끼고 심지어 일할 때 즐거워 보이기까지 합니다. 누구나 신입 시절 부족한 역량이지만 배움의 의지로 가득했던 시기가 있었고, 그 누구보다 타올랐던 열정이 있었습니다. 그러나 시간이 지나고 업무에 능숙해지는 시기를 지나 슬럼프를 겪기도 하면서 조직 내에서 인간관계, 상사와의 관계, 조직의 업무 방식, 개인적인 사정, 건강 이상 등의 복합적인 이유로 열정은 높아지거나 낮아졌을 겁니다.

그래서 에너지가 높았던 구성원이 시간이 지나면서 변해가는 모습을 볼 때 '얼마나 힘들면 이렇게 변했을까…'라고 이해가 되기도 하고, 여전히 열정을 가지고 있는 동료들이 낯설게 느껴지기도 합니다. 높은 에너지를 유지한다는 것은 지속적인 동기부여가 없는 한 어려운 일입니다.

리더로서 팀을 이끌기 위해서는 처음부터 열정과 에너지가 높은 구성원을 채용하는 것, 의욕이 부족한 구성원에게 동기를 부여해 직무 열의를 높이는 것 그리고 구성원이 꾸준히 열정과 동기 수준을 유지하며 긍정적인 시각으로 성과를 창출하도록 돕는 것이 중요합니다.

직원의 동기부여는 조직의 생산성에 큰 영향을 미치는데, 구성원의 사기가 저하되거나 동기부여가 되지 않는다면 조직 전체의 생산성도 떨어지니 기업에서도 중요한 과제로 인식하고 있는 것입니다. 그래서 얼마나 동기부여 되고 열정적으로 성과를 만들어 내는 구성원을 육성하느냐가 리더의 역량을 판단하는 주요한 기준이 되는 것이죠.

한 조직 안에는 자발적으로 나서서 자기일뿐만 아니라 남의 업무에도 도움을 주는 구성원이 있는가 하면, 시키는 일만 하는 구성원, 마지못해 하는 구성원, 그조차도 하지 않는 구성원 등 다양한 사람이 존재합니다. 이런 다양한 구성원에게 리더가 전략적으로 동기를 부여해서 주도적으로 업무에 참여하게 한다면 팀의 성과는 어떻게 될까요? 당연히 긍정적인 영향을 미치겠죠. 그래서 한 조직의 리더로서 성과를 내는 팀을 만들기 위해서는 구성원 개개인의 역량도 중요하지만, 구성원이 마음껏 역량을 발휘할 수 있도록 능동적이고 자발적으로 움직이게 하는 동기 역시 중요합니다.

특히 구성원이 의욕과 열정이 낮은 상태라면 리더는 구성원에게 적절한 동기부여가 이루어지고 있는지를 점검해 볼 필요가 있습니다. 조직에서 구성원 스스로가 업무 성과 향상을 위해 자발적이고 지속적인 노력으로 근무 의욕을 높이고 동기를 발휘하는 경우는 드물기 때문입니다.

기업에서 동기부여란 구성원이 직무를 수행하는 과정에서 목표 달성을 위해 자발적으로 노력할 수 있도록 조직과 리더가 촉진하는 활동 과정을 의미합니다. 특히 인간은 스스로가 진심으로 필요성을 느껴 어떤 행동을 하기 원할 때 동기가 촉진되는데, 이는 크게 외적 동기와 내적 동기로 구분됩니다. 외적 동기는 업무를 수행하면서 금전적 보상이나 칭찬, 복지 등 타인으로부터의 인정, 보상, 사회적 성공을 얻기 위한 것들을 말합니다. 내적 동기는 행동 그 자체를 하는 것에 만족을 느끼는 특징이 있으며 자기의 즐거움, 열정, 만족을 위해 어떤 업무를 수행하고자 하는 의지를 나타냅니다.

> ## 구성원의 외적 동기, 내적 동기 어디까지 챙겨야 할까요?

세계적인 미래학자 다니엘 핑크는 동기부여 과학을 통해 외적 동기와 내적 동기의 차이를 설명하며 외적 동기의 한계성과 내적 동기의 중요성을 강조했습니다. 특히 그는 샘 글룩스버그의 양초실험에서 인센티브를 제공한 그룹과 인센티브를 제공하지 않은 그룹에 대한 비교 실험에서 보상을 지급한 그룹은 평균적으로 문제를 푸는 데 3.5분이 더 걸렸다는 점에서 사람들이 보상을 기대할 때 사고력, 창의성이 저하된다는 것을 보여 주었죠. 이 실험은 조직에서 만연한 인센티브나 보상 제도가 항상 긍정적인 결과를 가져오는 것이 아니라는 점을 보여 주며, 구성원의 내적 동기를 활용한 동기부여가 조직에 얼마나 긍정적인 영향을 미칠 수 있을지에 대해 깊이 고민하게 만듭니다

리더는 구성원에게 조직의 비전과 팀의 목표, 방향성을 공유하고 구성원의 역량을 강화하여 적극적으로 업무를 수행하게 만들어 조직을 성

과로 이끄는 사람입니다. 특히 리더의 구성원에 대한 동기부여는 팀과 조직의 성과 달성과 성공을 위해 중요한 역할을 합니다. 리더의 동기부여는 구성원의 업무에 대한 집중과 노력을 활성화하며, 구성원의 역량 향상과 함께 조직의 경쟁력을 강화하는데 기여하기 때문이죠.

앞에서 언급했듯이 조직 내에는 다양한 경험과 가치관을 가진 사람들이 공존합니다. 직장 내의 구성원 중에는 자신이 하고 싶은 업무와 자아실현이 중요한 구성원, 경제적 이득이 중요한 구성원도 있습니다. 또한 넓은 대인관계를 통해 구성원과 좋은 관계를 맺는 것을 중요하게 여기는 구성원, 남보다 더 많은 성취를 통해 더 빨리 높은 지위에 오르고자 하는 구성원 등 직장 내에서 그들이 중요하게 여기는 가치들은 모두 다릅니다.

'역시 직장인들의 최고 동기부여는 금전적 보상이지'라고 많은 직장인이 농담조로 이야기합니다. 외부적인 급여, 복지, 처벌 등은 대표적인 외적 보상의 예라고 할 수 있습니다. 그러나 최근 직장인들 사이에서 유행하는 '받는 월급만큼만 일하겠다'라는 풍조와 조용한 퇴사 현상을 보았을 때, 더 이상 금전적 보상, 복지, 처벌과 같은 과거의 외적 동기 방식만으로 구성원이 업무를 잘 수행하고 지속할 수 있는 조직 성과를 기대하기 어려울 수 있습니다.

사람은 '돈'만으로는 움직이지 않습니다. 지켜야 할 것이 많을수록 인센티브나 고연봉과 같은 것들이 주요한 결정 요인이 될 수도 있습니다 하지만 이런 부분이 없더라도 내가 하는 일이 조직에 어떤 기여를 하는지 향후 나에게 어떤 도움이 될 것인지를 구성원이 명확히 인지한다면,

지금의 노력을 '희생'이라고 생각하지 않고 '투자'로 생각합니다.

또한 동기부여를 외부의 도움으로만 받는다면, 늘 다른 사람의 인정, 제도적인 보상에 의존할 수밖에 없습니다. 사실 리더가 대표가 아닌 이상 그런 부분들을 충분히 보상해 주기에는 한계가 있습니다. 그러나 내적 동기부여를 하는 구성원은 스스로가 동기부여 방법을 찾아 근무 의욕을 북돋우며 불확실하고 빠르게 변화하는 시대에 맞추어 유연하게 변화하고 성장할 수 있습니다.

특히 내적 동기부여는 구성원 스스로 어려움을 극복하고, 다시 도전하는 힘을 만들어 줍니다. 더 나아가 다른 사람에게도 내적 동기를 부여할 수 있는 영감을 주고, 격려할 수 있는 여유를 만들어 주며 조직의 긍정적 변화를 위한 원동력이 될 것입니다.

일에만 집중하는 삶에서 벗어나야 한다는 생각을 가진 요즘 세대의 구성원에게는 오히려 구성원의 마음속에 내부 요인들에 의해 유발되는 내적 동기를 불러일으키는 것을 더 중요하게 생각할 수도 있습니다. 구성원의 내적 동기는 다 달라서 리더는 각 구성원과의 코칭과 면담을 통해 동기 요인을 확인하고 지원하고 자극하면서 팀이 효과적으로 업무 성과를 달성할 수 있도록 하는 것이 중요합니다.

동기를 부여하고
의욕을 불어넣다

매슬로우의 욕구 계층 구조(생리적, 안전, 사회적, 자존감, 자아실현)는 잘 알려진 동기부여 이론입니다. 이 이론에 따르면 어떤 욕구도 완벽히 충족될 수는 없지만 적어도 부분적으로 충족되는 욕구는 결국 동기부여가 된다고 말합니다.

동기부여란 구성원이 업무의 목표를 달성하기 위해 자발적으로 행동하도록 원인을 제공하는 가장 기본적인 힘입니다. 리더가 구성원의 동기를 촉진하고 관리하는 것이야말로 팀의 성장과 조직의 발전에 중요한 역할을 하는 셈입니다. 특히 리더는 외적 동기와 내적 동기를 적절하게 결합해 효과적인 동기부여를 제공해야 하는데, 앞에서 언급했듯 리더가 조직 내에서 외적 동기를 부여하는 데에는 한계가 있을 수밖에 없습니다. 리더가 곧 조직의 최종 결정권자는 아니기 때문이죠.

또한 조직의 동기부여 방식이 외부적 보상에 치우치면, 결국 조직 전체에 제도화된 불신을 초래하고 구성원이 동기를 상실하는 역효과로 이어질 위험이 있습니다. 따라서 리더에게는 구성원의 내적 동기부여를 위한 계획이 필요합니다.

1) 명확한 목표 설정과 공유

앞 장에서 살펴본 목표 설정을 통해 명확하고 도전적인 목표는 구성원에게 방향성을 제시하여 업무 동기를 높여 줍니다. 목표를 달성하기 위한 구성원의 각자 역할을 확인하고, 어떤 결과가 요구되는지 확실하게 알 수 있습니다. 또한 자신의 수행 업무가 조직 목표에 얼마나 기여하는지, 자신의 노력이 미치는 영향을 그림처럼 그릴 수 있을 때 동기부여가 될 수 있습니다. 이러한 노력으로 작은 성과들을 달성하였을 때 구성원은 강력한 동기를 가지게 됩니다. 업무의 방향성과 목표에 대해 논의하고 결정하는 과정에 구성원이 참여할 수 있는 기회가 제공되면 책임감을 느껴 더 적극적으로 참여하게 됩니다.

2) 도전적인 과업과 성장 및 개발의 기회

구성원에게 본인의 지식, 기술과 능력을 활용할 수 있는 의미 있는 일은 성취감을 제공하기에 동기부여를 할 수 있습니다. 또한 리더가 제공하는 교육 프로그램이나 워크숍 등의 지적 자극이나 프로젝트를 맡는 등의 새로운 기회는 일을 통해 경력을 쌓아 배우고 성장할 기회가 있다는 생각이 들기 때문에 강력한 동기부여 될 수 있습니다. 또한 구성원이 느끼는 자율성은 자기 결정 이론Self-Determination Theory을 바탕으로 본인이 주체적으로 업무를 수행할 수 있다는 자기 결정성 욕구를 자극하여 동기부여 체계의 핵심 요소로 작용하기도 합니다.

3) 긍정적인 팀 분위기 조성

구성원은 자신의 노력과 성과가 동료와 리더로부터 인정받았을 때 성취감과 자기 효능감이 향상됩니다. 본인이 하는 일에 자부심을 품으며 스스로 가치 있다고 느끼게 합니다. 또한 리더와 동료가 주는 존중, 신뢰, 업무와 관련한 지원들은 긍정적인 감정과 긍정적인 팀 분위기를 조성해 팀워크도 함께 향상시킬 수 있습니다. 구성원은 리더와 동료들의 격려와 지원으로 상호 간의 협력을 증진시키고 적극적으로 업무를 수행할 수 있습니다. 이는 직무 만족도와도 연결됩니다.

4) 구성원 관찰은 중요한 스킬

리더는 사람을 보는 안목이 있어야 합니다. 팀에 적합한 인재를 찾고, 구성원 각자의 잠재력을 발견하고 역량을 개발할 수 있는 기회를 제공해야 합니다. 팀의 구성원 개개인이 보유한 전문 지식과 기술은 무엇이 있는지, 가진 기술이나 전문 지식이 부족하다면 내부적인 교육이나 코칭, 멘토링 등으로 해소할 수 있는지 또한 교육으로 변화시킬 수 없는 구성원 개인의 성격과 기질, 가치관 등은 어떠한지 등을 자세히 관찰해야 합니다. 특히 리더는 각 구성원의 강점과 약점, 앞으로의 성장 가능성을 잘 파악해야 합니다.

동기부여는 구성원이 자발적으로 무엇을 하고자 하는 사기, 의욕, 동기를 고취하여 조직의 생산성에 큰 영향을 미칩니다. 그래서 조직에서는 조직의 생산성이 떨어지지 않도록 구성원의 동기를 부여하는 것이 아주 중요합니다. 특히 현대 사회와 같은 불확실하고 복잡성이 높으며 신속한 변화에 발 빠른 대응이 필요한 경영 환경에서는 구성원의 자발성을 끌어내야만 합니다. 혼자 의사 결정하고 진두지휘하기에는 리더가 해야 할 일들이 너무 많습니다.

세대 간 지향점별 동기부여, 리더의 친절한 가이드

　'열 길 물속은 알아도 한 길 사람 속은 모른다'는 속담처럼 구성원은 수학 공식처럼 간단히 파악할 수 있는 존재가 아닙니다. 그래서 사람 마음을 움직이고자 할 때는 공개적으로 동일한 방법을 활용하는 것이 아닌 구성원 개개인에 맞춰서 동기부여 전략을 사용하는 것이 더 좋은 성과를 끌어낼 수 있습니다.

　세대에 대한 연구 중 〈우리는 당신의 환생이 아닙니다〉라는 제목의 연구 보고서가 있습니다. 제목만 봐도 세대 간의 특성이 달라 상호 간 깊은 이해가 필요하다는 것을 알 수 있습니다. 2024년 6월 바라즈딘에서 공유된 〈X, Y, Z세대에 걸친 직장 내 동기부여〉라는 제목의 연구에서는 각 세대를 다음과 같은 카테고리로 나누었습니다.

❶ X세대 : 1965년에서 1981년 사이에 태어난 개인
❷ Y세대 : 1982년에서 1999년 사이에 태어난 개인
❸ Z세대 : 2000년부터 2012년 사이에 태어난 개인

　Y세대는 밀레니얼세대라고도 불리는데, 요즘 많이 얘기하는 MZ세대는 밀레니얼세대와 Z세대를 합친 말입니다. 위의 개념으로는 YZ세대라고 불리는 게 맞지만, Y세대는 밀레니얼세대라고도 하니 MZ세대라고 통칭해서 부르고 있습니다. 이런 세대 간의 차이를 이해하는 것은 조직의 생산성 향상과 직원 만족도 극대화를 위해 매우 중요합니다.

　각 세대는 핵심 특성과 주요 형성 이벤트가 있습니다. 각자의 세대에 맞춰서 경험과 기억, 감정을 소환해 보세요. 해외와 국내의 학자별 세대 정의와 주요 이벤트가 다르기는 하지만, 세대별로 다른 특성이 있다는 것은 분명한 사실이죠.

　이 연구에 따르면 X세대는 유년기와 성인기에 영향을 미친 사회적, 경제적 불확실성이 컸으며, 공통적인 특징은 자립심, 개인주의, 회의주의, 강력한 기술 능력입니다. 1990년대에 20대를 보낸 사람들은 90년대 경제 호황과 물질적 풍요를 바탕으로 개성을 중시하는 세대이기도 합니다. 반면 Y세대의 형성기에는 경제 성장이 맞물려 있었고, 인터넷의 도입 등 기술 발전이 가속화되던 시기였습니다. 이 시기에는 소셜미디어의 사용이 증가하고 세계화 트렌드가 확대되며, 대중문화의 부흥을 일으킨 세대이기도 합니다.

출생 연도에 따른 세대별 코호트 특성 개요

세대	출생년도	주요 형성 이벤트	핵심 특성
X세대	1965~1981	경기 침체, 에이즈, 이혼율 증가	개인주의, 자립, 회의주의
Y세대	1982~1999	기술 발전, 인터넷의 부상, 세계화	사회적 배려, 멀티태스킹, 편안한 접근 방식
Z세대	2000~2012	경기 침체, 금융위기, 소셜미디어의 부상	비관주의, 불안, 정신건강에 대한 초점

한편 Z세대는 경기 침체와 금융위기, 불황의 시기이자 태어날 때부터 소셜미디어가 익숙한 환경에서 형성되었습니다. 디지털이 없는 세상을 상상하기 어렵고, 공중전화를 본 적이 없을 수도 있습니다. Z세대는 다른 세대보다 비교적 풍요롭게 자라며 진보적이던 X세대 부모에게 자유로운 가치관을 물려받아 다양성을 중시합니다. 그래서 남의 간섭, 참견을 불편하게 생각하는 경향이 큽니다.

이런 사회적 환경과 특징들 때문에 각 세대의 가치관은 다르게 형성되었고, 이는 삶을 추구하는 가치에도 영향을 미쳤습니다. 세대마다 동기부여 되는 부분들이 다른 것이죠. 그래서 리더는 사람마다 세대마다 가치관, 기대치, 삶의 경험이 다르다는 것을 인정하고 인지하여 구성원에게 맞는 동기를 효과적으로 부여하는 방법과 전략을 찾는 데 시간과 노력을 기울여야 합니다. 외적 동기부여와 내적 동기부여를 하고자 할 때도 세대적 특성에 맞춰서 지원한다면 조금 더 기대하는 효과를 누릴 수 있을 것입니다.

출생 연도에 따른 세대별 동기부여 요인 개요

세대	외적 동기부여 요인	내적 동기부여 요인
X세대	재정적 보상, 고용 안정	자율성, 독립성, 자기 주도성
Y세대	일과 삶의 균형, 협업 기회	개인적 성장, 투명성, 진정성
Z세대	물질적 보상, 재정적 보안	웰빙, 정신건강 리소스, 회복탄력성

세대별로 동기부여가 되는 요인을 간단히 살펴봅시다. X세대는 자율성과 독립성을 중요하게 생각하지만 금전적 보상과 직업 안정성을 더 중요하게 생각합니다. 리더를 신뢰하며 조직의 목표와 목적을 신뢰하는 업무 태도를 보입니다. 사회적인 외적 규제를 동기부여의 원천으로 생각하기 때문에 동기부여가 가장 높은 세대이기도 합니다.

반면 Y세대는 개인적 측면과 업무적 측면에서 일과 삶의 균형인 워라밸과 협업의 기회를 중요하게 여깁니다. 리더가 투명하고 포용적이며 지원을 아끼지 않고 직장과 개인의 가치가 일치할 때 동기부여를 받습니다.

Z세대는 조직의 성공보다는 자기 행복을 더 우선시하며 워라밸을 중요하게 생각한다는 면에서는 Y세대와 비슷하지만, Z세대는 물질적인 보상으로 동기를 더 부여받는 업무 태도를 보입니다. Z세대는 다른 세대들에 비해 내적 동기가 업무 동기 전반에 큰 영향을 미칩니다. 세대의 특성이 모호한 구성원도 있겠지만, 그들이 가진 경험과 외적, 내적 동기부여 요인의 적절한 맞춤 지원은 조직을 운영하는 데 분명한 도움이 될 것입니다.

세대가 아닌 구성원의 지향점에 따른 동기부여 방법도 구성원을 이해하고 동기부여 전략을 수립하는 데 도움이 됩니다. 〈MIT 슬론 매니지먼트 리뷰〉에서 맥 알리스터와 오덤 경영학 교수는 구성원의 지향점을 크게 직업Job, 경력Career, 목적Purpose 세 가지로 구분하며 각각 다르게 동기부여를 해야 한다고 설명하고 있습니다.

지향점	특징	동기부여 방법
직업 (Job)	• 구성원의 50% 해당합니다. • 급여, 워라밸과 같은 외적 동기가 중요하며, 조직이나 조직의 비전으로 동기부여 되지 않습니다.	- 직무적 스킬 향상 - 급여 및 금전적 혜택 - 라이프스타일 서포트
경력 (Career)	• 중장기적 시각으로 커리어를 바라봐야 합니다. • 성장과 발전을 지향하고, 조직의 비전에 일부 공감하며, 직무 역량의 심화와 장기적 관점에서 커리어 발전의 기회 제공을 위한 안정적 일을 제공받기 원합니다.	- 정기적 피드백 - 학습 및 훈련 기회 제공 - 인정적 직무(고용 안정화)
목적 (Purpose)	• 조직의 미션, 가치에 의해 동기부여, 업무의 의미가 중요합니다. • 일을 통해 세상에 긍정적 영향 미치기를 원합니다.	- 미션, 가치 제시 - 업무의 결과로 인한 영향력 제시 - 실적 시각화를 통한 피드백

한 팀에 존재하는 다양한 구성원은 각자 업무를 수행하며 지향하는 목표와 동기가 서로 다릅니다. 따라서 리더는 자신의 기준이나 관점에서 일방적으로 동기부여를 시도하기보다는 구성원 개개인의 동기, 역량 그리고 당면한 이슈를 세심하게 파악해 구성원에게 적절한 지원과 자원

을 제공하여 그들이 자발적으로 행동하고 조직의 성과에 기여할 수 있
도록 돕는 것이 중요합니다.

리더를 위한 질문

- 구성원 개개인의 비전을 알고 있나요? 그 비전에 다가갈 수 있도록 코칭, 교육, 적합한 업무 배정을 통해 성장의 기회를 제공하고 있나요?

- 리더인 당신과 팀 구성원은 서로에게 칭찬과 격려의 말을 자주 전하고 있나요?

- 우리 팀의 구성원은 X, Y, Z 중 어느 유형에 속한다고 생각하나요?

- 구성원의 지향점은 직업, 경력, 목적 중 무엇이라고 평가되나요?

- 구성원의 목소리를 충분히 듣고 그들의 아이디어와 피드백을 조직의 성장에 반영하고 있나요?

- 조직은 변화에 유연하게 대응할 수 있는 문화를 가지고 있나요? 그렇지 않다면 무엇을 개선해야 할까요?

- 구성원이 자신의 역할과 책임을 명확히 알고, 이를 성취하기 위해 필요한 자원과 지원을 제공받고 있다고 느끼고 있을까요?

권한위임

리더의 힘,
위임의 기술

권한을 나누는
리더의 진짜 리더십

리더 대부분은 이미 권한을 위임하고 있고 구성원의 자율성을 인정하고 있다고 말할지도 모릅니다. 하지만 실제로 권한을 얼마만큼 위임하고 있는지는 구성원의 말을 들어봐야 알 수 있습니다.

> **구성원에게 권한을 위임하는 리더인가요?**

권한위임은 IBM연구소에서 64개국 1,700여 명의 경영진을 대상으로 한 연구에서 탁월한 기업 성과를 내기 위해서 가장 중요한 요소로 뽑혔을 만큼 조직 관리에 있어서 중요합니다. 그러나 리더십 역량으로 가장 중요하게 여겨지면서도 실행이 잘 안 되는 것이 바로 권한위임입니다.

권한위임에 실패하여 어려움을 겪고 있는 조직도 많이 있습니다. 구성원은 권한위임이 되지 않는다고 말하고, 리더는 충분히 권한위임을 하고 있다고 말하는 것입니다. 실제 리더 중에는 중요한 일의 마무리는 꼭 자기 손을 거쳐야 한다고 생각하거나 자신의 전문 분야는 계속 본인이 수행하기도 하며 실수가 잦거나 걱정이 되는 구성원의 업무는 꼭 체크하여 높은 수준의 결과물을 내기 위해 노력합니다. 그러다 보니 구성원의 초기 제출물은 리더의 손을 거쳐서 다른 결과물로 재탄생하게 되는 것이죠.

권한위임이란 리더가 가진 권한을 구성원에게 위임하는 것으로, 권한과 함께 책임 또한 위임하는 것을 말합니다. 구성원은 자신이 적합하다고 생각하는 방식으로 자신에게 위임된 업무를 수행하여 책임을 부여받으며 권한위임 받은 업무에서만큼은 리더가 될 수도 있습니다.

리더는 팀의 전체적인 업무를 구조화하고 실타래처럼 엮어 나가며 성과를 만들어 내기 위한 넓은 시야를 가져야만 합니다. 그래서 바로 눈앞에 놓인 세세한 업무가 아닌 전체적인 업무를 바라보며 정해진 기한 내에 최고의 결과물을 만들어 낼 수 있도록 구성원에게 방향을 제시하는 사람이 되어야 한다는 것이죠. 그래서 리더에게는 더욱 권한위임의 기술이 필요합니다.

권한을 위임받은 구성원은 권한위임 받은 업무를 수행해 가는 과정을 통해 자기 기술과 능력, 프로젝트를 리딩하는 역량까지 개발할 수 있습니다. 이런 역량은 차기 리더 후보라면 꼭 갖추어야 하는 역량이기도 합니다.

하지만 권한위임이라는 말에서 리더가 오해하지 말아야 하는 부분이 있습니다. 권한을 위임한다는 것이 업무에 관심을 끊는다는 의미가 아닙니다. 당연히 리더는 업무의 진행 상황과 결과물을 예측할 수 있어야 하기에 '프로젝트 리더인 구성원'에게 과정을 보고 받고, 의사를 합치하는 과정을 수행해야 합니다. 나중에 결과물이 나왔을 때 '이런 내용을 보고받은적 없다', '이렇게 진행되는지 몰랐다', '노고는 인정하지만, 이것은 내가 원하는 방향이 아니다'라고 말하면 안 됩니다.

이런 과정이 유연하게 잘 진행된다면 권한을 부여한 리더는 구성원을 모니터링하고 세세한 실무를 관리하는데 소요되는 시간과 에너지를 줄일 수 있어서 거시적인 관점에서 더 높은 수준의 중요한 업무를 수행할 수 있습니다. 결과적으로 권한위임을 잘하면 팀은 유능해지고 조직은 더 높은 성과를 달성하여 경쟁력을 가진 조직을 만들 수 있는 것입니다.

미군 산타페 함

미 해군 내 이직률 최고, 최저 실적과 '뭘 해도 안된다'는 분위기, 전투력 최저로 자타 공인 꼴찌로 평가받는 핵잠수함 산타페 함의 신임 함장이었던 L. 데이비드 마르케는 승조원에게 이렇게 물었습니다.

"자네는 여기서 무슨 일을 하는가?"

하사관인 승조원은 망설임 없이 대답했습니다.

"위에서 시키는 것은 무엇이든 다 합니다. 잘해 낼 수 있습니다!"

충성스러운 답변처럼 들리지만, '위에서 시키는 일은 무엇이든 다 한다'는 말은 '위에서 시키지 않은 일은 아무것도 하지 않는다'라고도 볼 수 있습니다. 이 질문은 했던 신임 함장 L. 데이비드 마르케는 부임한 지 1년 만에 이 산타페 함을 평가 1위 우수 함선으로 탈바꿈시켰는데, 이 비결은 바로 구성원이 스스로 결정하고 행동하게 하는 '권한위임'이었습니다.

명령을 내리지 않는 일부터 시작하여 실무자에게 모든 권한을 위임하며 '리더 - 팔로워'라는 상명하복식 명령체계를 벗어나 '리더 - 리더'라는 상향식 체계로 바꾸어 권한을 움켜쥐는 것이 아닌 내어 주는 방식으로 조직을 꾸려 나갔습니다. 구성원을 모두 리더로 만들기 위한 전제 조건으로 3C가 있는데, 통제권 주기(Control), 이를 통해 조직원의 역량을 극대화하기(Competence), 목표는 명료화하기(Clarity)입니다.

특히 마르케 함장은 권한위임에 있어서 역량과 명료성이 뒷받침되어야 한다고 강조하였는데, 결국 마르케 함장은 '팔로워를 만들어 내는 것'이 아닌 '리더를 키워 내는 것'이라는 믿음으로 산타페 함을 이끌었고 승조원들은 현재에도 탁월한 성과를 거두어 높은 비율로 진급을 거듭하고 있습니다.

위임 실패? 리더가 배우는 첫걸음

마이크로매니징 VS 방임형

1) 너무 세세하게 간섭하는 리더 '마이크로매니징 리더'

"충분히 더 완성도를 높일 수 있을 텐데요… 제 눈에는 한참이나 부족해 보여요."

"이게 지금까지 고민한 결과인가요? 제가 그림을 그려 드릴게요."

리더가 구성원의 업무 지시를 구체적으로 하며 필요 이상으로 감독하고 사소한 부분까지 관리하는 것을 마이크로매니징 Micro Managing이라고 합니다. 리더는 그저 팀원들이 하는 일에 대해서 더 잘 되라고 말하며 중요한 조언을 해 주었는데 잔소리로 듣는 구성원의 태도에 리더는 서운한 감정이 들기도 합니다.

리더가 오탈자 하나하나 지적하고 모든 일을 직접 파악하고 승인하지 않으면 불안한 감정이 들기도 하는데, 마이크로매니징의 대표적인 행동으로 떠올릴 수 있습니다. 리더로서는 마이크로매니징을 하게 되면 처음에는 모든 것이 자신의 통제하에 있는 모습에 안정감이 들 수 있습니다. 그러나 마이크로매니징이 계속되면 조직의 성장을 막는 족쇄가 될 수도 있습니다.

마이크로매니징이 조직의 성장을 막는 족쇄가 되는 이유는 다음과 같습니다.

첫째, 수시로 빠르게 변하는 경영 환경 변화에서 실행이 지연될 것입니다. 리더의 꼼꼼한 검토와 잦은 수정 지시로 인해 최종 실행까지 상당한 시간이 소요되고, 구성원은 실행 업무의 고도화보다 리더의 검토를 통과하기 위한 보고서 작성에 시간을 쏟아붓게 됩니다

둘째, 구성원은 도전 정신이 약해져 주도적으로 일하지 않게 됩니다. 구성원은 업무를 추진할 때 주도성을 가지고 아이디어를 내어 계획을 수립하더라도 어차피 리더의 뜻대로 수정될 것임을 알기에 깊이 노력하지 않고 고민하지 않게 됩니다. 처음부터 리더가 원하는 방향으로 갈 것을 알고 있어서 적당히 하는 것이죠. 심지어 '어차피 리더가 원하시는 답을 먼저 말씀해 주시면 좋겠습니다'라는 구성원의 피드백을 듣기도 합니다.

셋째, 숲을 보아야 하는 리더가 세세한 일을 쳐내기에 바빠 정작 장기적으로 챙겨야 할 중요한 업무는 보지 못하기도 합니다. 리더는 항상 긴박하게 많은 일을 처리하다 보니 예민해지거나 번아웃이 오기도 합니

다. 결국엔 중요하지만 시급하지 않은 일들은 뒤로 밀려서 큰 관점에서 조직에 좋지 않은 영향을 주게 될 것입니다.

2) 권한 부여인가요? 방임인가요? '방임형 리더'

팀의 구성원을 믿고 일을 맡기는 것은 리더에게 필요한 중요한 덕목입니다. 하지만 리더는 구성원의 실력이나 역량이 검증되기 전까지는 주기적으로 업무를 점검하는 것이 필요합니다. 특히 권한위임을 실행하였을 때 이슈가 발생하면 즉시 구성원이 리더에게 보고하고 지원받도록 명확한 지침을 주어야 합니다. 업무를 부여받은 구성원은 나름대로 열심히 한다고 했지만 역량이 부족할 수도 있고, 또는 문제가 발생했을 시 해결 능력이 부족할 수도 있기에 리더의 지원이 배제되면 좋지 않은 결과가 생길 수도 있습니다.

또한 방임형 리더는 리더가 팀의 업무나 구성원의 업무에 대해 이해가 부족하고 구체적인 지식과 경험이 부족할 때도 해당합니다. 이때 리더는 팀의 구성원에게 업무를 의존할 수밖에 없기에 말로는 권한위임이라고 하지만 실제는 방임이나 방치에 가깝습니다. 이런 리더는 보고서에 대해 판단할 역량이 부족하므로 문제점을 검토하지 못하고 그대로 통과시키기도 합니다. 또한 리더의 권위를 보이기 위해 과거의 경험, 지식, 뉴스 등에서 본 내용 등을 운운하면서 현실과 동떨어진 의사 결정과 프로젝트를 추진하라고 지시할지도 모릅니다.

팀의 상황을 모르면서 리더가 구성원에게 권한을 위임하기란 쉬운 일이 아닐 것입니다. 그래서 권한위임의 전제 조건은 리더가 담당 업무에 대해서는 전문가여야 하며, 어떤 업무를 권한위임할 것인지를 판단할 수 있는 역량을 가지고, 실제로 권한을 구성원에게 위임할 수 있는 '용기'와 구성원에 대한 '믿음'이 있어야 한다는 것입니다.

리더는 업무 추진을 위해 의사 결정을 하고 그에 맞는 구성원에게 업무를 부여하며 기회를 주고 육성하는 역할을 하는 사람입니다. 하지만 아직 우리나라에서는 수직적이고 위계적인 조직 문화 특성과 관료제적인 사고 특성으로 권한위임이 활성화되지 못하고 있습니다.

그러나 권한위임은 반드시 실천해야 할 핵심 요소입니다. 앞에서 요즘 리더는 구성원이 변화에 신속히 적응하고 새로운 기회를 창출할 수 있도록 지원하며 관리하는 변화 관리자의 역할이 요구된다고 강조했습니다. 성공적인 변화 관리를 위해 권한위임은 결코 간과해서는 안 될 중요한 부분입니다.

권한위임이란 리더 자신의 권한을 빼앗기거나 파워를 분배하는 것이 아닌 권한의 확장이며 새로운 업무의 창조라는 것을 리더는 항상 기억해야 합니다. 리더는 구성원에게 결정권을 주기도 하고 업무를 추진하기 위한 자원들을 제공하기도 하며, 업무 추진 상황을 점검하면서 구성원이 수행하고 있는 업무를 가치 있게 여기고 존중하며 도와주어야 합니다.

결과적으로 권한위임은 리더가 혼자 의사 결정하고 지시하고, 문제를 해결하던 과거의 방식에서 벗어나 리더의 업무 부담감을 감소시키기도 합니다. 또한 구성원의 자율성, 자기 주도성, 책임감 등을 향상시켜 구성원의 몰입을 통한 조직의 성과를 극대화하는데 효과가 있습니다.

권한위임의 방법

1) 개인별로 다른 구성원의 현재 수준 분석

구성원에게 지시나 명령으로 문제를 해결하는 방법은 리더에게 비교적 쉬운 일입니다. 리더는 권한을 위임하고 팀원 스스로가 업무를 수행하고 해결하는 방법을 터득할 수 있도록 하는 리더가 되어야 한다고 생각은 하지만, 현실은 그렇지 못합니다. 리더는 너무 바쁘니까, 세세하게 업무를 다 챙길 수 없으니까, 용기 내어 권한위임을 시도해 보기도 하지만, 제멋대로 굴러가는 모습에 다시 통제하기도 합니다. 성과가 바로 나오는 것 같지도 않고, 더러는 팀원들의 업무를 수행하는 모습이 영 미덥지 않습니다. 특히 신임 리더에게는 권한위임이 말은 쉽지만 실천하기란 여간 어려운 일이 아닐 겁니다. 구성원을 성장시키는 리더가 되려면 위임의 기술을 익히는 것이 중요한데, 어떻게 하면 성공적인 권한위임을 실천할 수 있을까요?

가장 중요한 것은 바로 구성원을 깊게 살피는 것입니다. 구성원의 보유 역량과 경험은 제각각입니다. 그래서 리더는 권한위임을 하기 이전에 구성원의 성장 수준에 따라 역량과 열의, 자신감, 내적 동기 등의 요인을 고려해 위임 수준을 결정할 필요가 있습니다.

구성원 유형에 따른 리딩 방법

지시형	주도적으로 일할 수 있는 경험과 잠재력은 부족하지만 높은 열의로 무장되어 있어 지시형이 적합한 형태를 말합니다. 이때의 리더는 구체적인 지시와 밀착 감독을 위주로 하여 지속적인 관리와 개입이 필요합니다. 이때는 앞서 말한 마이크로매니징이 효과를 발휘할 수도 있습니다. 리더는 구성원에게 명확한 기준을 제시해 주고, 가까운 거리에서 지도하며 의사 소통과 의사 결정이 리더의 중심으로 이뤄질 수 있도록 합니다. 이때 구성원의 높은 열의가 꺾이지 않도록 성과와 상관이 없더라도 구성원의 업무에 대한 노력을 지속해서 칭찬해 주는 것이 중요합니다. • **명확한 목표와 기준 제시** 구성원이 따라야 할 목표와 행동 기준을 구체적으로 설정하고 명확히 전달합니다. • **구체적인 지시와 실행 계획 제공** 업무를 단계별로 나누어 상세히 설명하고 필요한 리소스와 절차를 제시합니다. • **밀착 감독과 실시간 피드백** 구성원의 업무 진행 상황을 세심히 관찰하며 즉각적인 피드백과 조언을 제공합니다. • **일방적 의사 결정** 초기 단계에서는 리더가 주도적으로 의사 결정을 내리고 구성원이 이를 따르도록 만듭니다. • **긍정적 강화** 성과와 상관없이 구성원의 노력과 열정을 칭찬하며 지속해서 동기를 부여합니다. • **지도와 코칭 중심** 구성원이 혼란스럽거나 어려움을 느낄 때 가까운 거리에서 직접 지도하며 업무를 이끌어갑니다.
설득형	안정과 안전의 욕구를 추구하는 형태로, 어느 정도 경험과 역량은 갖춘 상태입니다. 일과 조직에 대해 부정적이지는 않지만 감정적으로 몰입은 되지 않아 실망감과 이탈감을 느낄 수도 있기에, 리더는 구성원과의 '관계'와 '생산성'에 대한 관심을 높게 보여야 합니다. 이때의 구성원은 외부적인 자극이 필요한 상태로 업무의 결정 사항을 구성원에게 설명하고, 의견을 제시할 기회를 제공하는 등 양방향 소통으로 동기를 부여하는 접근이 필요합니다.

설득형	**• 관계 중심의 관심 증대** 구성원과의 신뢰를 쌓기 위해 정기적인 소통으로 개인의 의견과 감정을 경청하고 공감합니다. **• 생산성에 대한 기대 설정** 구성원이 기여할 수 있는 명확한 목표를 제시하며 성과에 대해 긍정적인 피드백과 인정의 기회를 제공합니다. **• 양방향 소통** 업무와 관련된 결정 사항을 설명하고 구성원이 자신의 의견을 제시할 수 있는 환경을 조성합니다. 그래서 구성원이 조직에 더 깊이 몰입하도록 유도합니다. **• 동기부여를 위한 자극 제공** 구성원에게 도전적이면서도 실현할 수 있는 과제를 부여하고 그 과정에서 필요한 지원과 격려를 아끼지 않습니다. **• 의미 있는 역할 부여** 구성원이 자신의 역량을 발휘할 수 있는 책임감 있는 역할을 제공하여 자긍심과 몰입을 높입니다. **• 정기적인 피드백과 대화** 구성원과의 정기적인 대화를 통해 업무 만족도를 점검하고 성장의 기회를 지속해서 제시합니다.
참여형	업무 능력은 높지만, 근무 의욕과 내적 동기는 낮은 상태로 이런 상황에서는 지원은 강화하고 지시는 최소화하는 것이 좋습니다. 업무 전문성을 보유하였으나 구성원의 열의가 낮다면 다른 구성원에게도 부정적인 영향을 미칠 수 있기 때문입니다. 이때 리더는 주요한 정보를 구성원과 공유하여 공동으로 의사 결정을 도출하는 형태로 선도하는 것이 좋습니다. 구성원을 경청하고 지지하여 신뢰를 형성하고, 훌륭한 아이디어를 함께 논의하며 의사 결정 과정에 참여하도록 유도하면 업무 몰입도를 높일 수 있습니다. 또한 구성원과 인간적인 관계를 중시하며 의사 결정 과정에 적극적으로 참여할 기회를 제공하는 것이 중요합니다. **• 지원 강화와 최소한의 지시** 구성원의 전문성을 존중하여 세부적인 지시보다는 필요한 리소스를 제공하고 업무를 원활히 수행할 수 있는 환경을 조성합니다. **• 공동 의사 결정 촉진** 주요 정보를 투명하게 공유하고 구성원과 함께 의사 결정을 논의하여 책임감을 느끼도록 유도합니다.

참여형	• **경청과 지지** 구성원의 의견과 감정을 진심으로 경청하며 공감과 지지를 표현합니다. • **의사 결정 과정 참여** 구성원이 의사 결정 과정에 적극적으로 참여할 기회를 제공합니다. • **창의적 아이디어 논의** 구성원이 가진 훌륭한 아이디어를 함께 논의하며 실현할 수 있도록 지원합니다. 구성원이 자신의 의견이 존중받고 실질적으로 활용된다는 느낌을 받게 하는 것이 중요합니다. • **인간적인 관계 중시** 업무 외적인 대화와 관심을 통해 구성원과 인간적으로 연결될 기회를 만듭니다.
위임형	유능함과 직무 열의를 모두 갖춘 성취 지향적인 구성원이 해당됩니다. 일뿐만 아니라 조직에 완벽히 몰입된 구성원으로 스스로 열정을 만들어 내는 구성원입니다. 리더가 책임과 결정을 위임하면 이런 유형의 구성원은 스스로 고민하고 업무 처리 권한을 통해 더 적극적이고 창의적으로 일을 합니다. 이때 리더의 역할은 적절한 지원과 책임 부여로 구성원이 자율적으로 행동하고 자기 통제 하에서 과업을 완수할 수 있도록 촉진하는 것입니다. • **권임과 권한의 위임** 구성원에게 중요한 결정과 책임을 위임하여 스스로 문제를 해결하고 창의적으로 업무를 수행할 수 있도록 합니다. 구성원의 자기 주도성을 강화하는 데 효과적입니다. • **적절한 지원 제공** 필요한 리소스와 정보를 제공하되 세부적인 지시는 최소화하여 구성원이 자신의 방식으로 목표를 달성할 수 있도록 돕습니다. • **자율성 촉진** 구성원이 스스로 과업을 계획하고 실행하도록 독려하며 업무 수행 과정에서 자기 통제와 판단을 존중합니다. • **성과 인정과 격려** 구성원의 성취를 공식적으로 인정하고 성과에 대한 피드백을 통해 긍정적인 동기를 유지합니다. • **촉진자로서의 역할 수행** 구성원이 더 높은 수준의 목표를 설정할 수 있도록 방향성을 제시하거나 코칭하며 필요할 때 지원과 격려를 제공합니다. • **성장 기회 제공** 새로운 도전 과제를 제시하거나 추가적인 학습 및 개발 기회를 제공하여 구성원의 지속적인 성장을 지원합니다.

구성원의 특성에 따라 리더의 리딩 방식은 달라질 수 있다는 점을 확인하였습니다. 지시형과 설득형은 리더-팀원 관계에서 리더가 주로 주도하는 형태이나 참여형과 위임형에서는 반대로 팀원이 주도하는 형태로 바뀌게 됩니다.

리더가 리더십을 발휘해야 하는 상황에서는 획일적이고 일률적인 권한위임 스타일이 아닌 상황에 따라 유연하게 변화하는 리더십 스타일이 필요합니다. 특히 구성원의 개별적인 성향, 역량, 성숙도를 자세히 고려하여 그에 맞는 리딩 방식을 적용해야 함을 잊지 말아야 할 것입니다.

2) 권한위임 방법

❶ 위임해도 되는 일인가? 위임하면 안 되는 일인가? 계획하기

위임을 하기 전 리더는 위임에 대한 계획이 필요합니다. 이 일을 맡길 수 있는 사람인지 아닌지 구성원에 대한 수준을 분석했다면 권한을 위임할 사람과 원하는 결과의 완성도 수준을 설정할 필요가 있습니다. 또한 리더의 업무를 나열하여 중요도와 시급성에 따라 위임해야 할 일과 위임하지 않아야 할 일을 구분하는 것도 좋습니다. 이 과정에서 리더는 '지금 당장 급한 일인가?', '우리 팀에 중요한 업무인가?'라는 질문으로 업무에 대한 중요도와 시급성을 명확하게 할 수 있고, 구성원의 역량을 분석하여 권한 부여를 결정하고 구성원 개개인을 검토해 볼 수 있는 기회가 되기도 합니다.

중요도가 높고 시급한 일은 리더가 직접 수행하지만, 중요하지 않은 일은 구성원에게 확실하게 위임하여 스스로 의사 결정하고 업무를 수

행할 수 있도록 기회를 주게 됩니다. 또한 중요도는 높으나 천천히 해도 되는 일은 코칭으로 구성원의 능력을 키우면서 점진적으로 위임 범위를 확대해 나가는 것이 효과적일 수 있습니다.

❷ Align! 서로 논의하고 합의하기

위임하고자 하는 프로젝트의 진행 배경과 위임하는 업무, 기대하는 결과물, 완료 기한, 권한 수준 등을 서로 논의해서 명확하게 하는 것이 필요합니다. 또한 합의된 내용을 문서로 정리하고 공유하는 것이 좋습니다. 위임하려는 업무에 대해 구성원을 대화에 참여시켜 구체적으로 작업과 결과에 대해 동의하는지 확인하고 업무의 결과를 명시합니다. 이때는 위임한 사람을 왜 선택하였으며, 서로의 성장에 어떤 도움이 될지를 설명하면 업무에 대한 몰입감과 책임감을 높일 수 있을 것입니다.

또한 업무 완료 기한을 설정하는 데 현실적이고 달성 가능한지를 확인하는 것이 필요합니다. 경험해 보지 못한 작업을 수행할 때는 특히 그렇습니다. 만약 권한위임 후 구성원이 요청을 하지 않았다는 이유로 개입하지 않았고, 그 결과 문제가 발생했다면 그 책임은 누구에게 있을까요? 구성원의 책임도 있으나 조직의 최종 책임은 리더에게 있습니다.

실패 없는 성공이 없듯 언제든 이슈는 발생할 수 있습니다. 그러나 사전에 서로 원하는 목표 수준과 현실적인 목표를 명확하게 설정하여 기대 수준과 다른 결과가 발생하지 않게 방지할 수 있으며, 위임된 일이 구성원에게 적합하게 부여된 일인지를 점검해 볼 수도 있습니다.

❸ 진행 상황을 수시로 공유하고 결과를 회고하기

권한위임 시 혹시나 발생할 수 있는 위험 신호를 사전에 파악해 결과를 성공적으로 도출하기까지 리더의 지원은 구성원에게 아주 중요한 요소입니다. 그래서 정기적인 회의를 통해 진행 현황을 공유하여 위험 요소를 파악하고 리더의 개입 여부와 지원 사항을 확인하는 것이 좋습니다. 정기적인 체크 포인트를 설정하여 리더가 피드백이나 코칭을 제공할 수도 있으며, 구성원이 위임받아 추진하는 업무와 정보를 지속해서 공유하고 자유롭게 논의할 수 있는 환경을 조성하여 심리적 안전감이 있는 팀 분위기를 만들 수도 있습니다.

또한 완료 기한 시점에는 결과를 회고하는 것이 꼭 필요합니다. 성공했다면 성공 원인을, 실패했다면 실패했던 이유와 추가 보완사항 등을 생각해 보도록 하며 리더는 성과에 대한 피드백을 제공하는 것입니다. 특히 구성원이 수행한 업무에 대한 구체적인 질문과 칭찬이 좋습니다.

'이번 프로젝트를 주도적으로 시행하면서 성취감을 느꼈던 것은?', '어떤 점을 개선하면 좋은지?', '리더가 추가로 지원하면 좋을 것은?' 등 조직의 성과를 넘어 구성원 개인의 성장으로도 굉장한 의미를 찾을 수 있습니다. 이러한 코칭과 피드백 타임은 팀원의 성취 경험이 팀의 전력으로 환원되는 데 도움이 될 것입니다. 부하 직원에게 도전적인 자세로 업무에 임하며 성과를 창출하기 위해 노력한 점을 구체적으로 칭찬하고 인정해 준다면, 구성원은 자기 효능감을 느끼며 작은 성공을 경험하게 됩니다. 이를 통해 더욱 열의를 가지고 성과를 창출하기 위해 힘쓰는 구성원으로 성장할 것입니다.

권한위임을 받은 구성원은 자율성, 책임감, 창의성 등을 발휘할 수 있으며, 상급자와 원활한 의사 소통과 신속한 의사 결정을 할 수 있다는 장점과 효과성은 그동안 많은 연구와 기업 사례에서 입증됐습니다.

그래서 많은 기업과 조직에서는 구성원의 창의성과 자율성을 향상시키고, 급변하는 조직 환경에서 성과를 극대화하기 위해 권한위임 리더십의 실천을 위한 많은 노력을 기울이고 있습니다.

리더는 자신이 모든 것을 통제해야 한다는 생각에서 벗어나 리더가 기존에 가지고 있던 영향력을 조직 구성원에게 위임하여 책임을 공유하고 필요한 자원을 제공할 수 있습니다. 특히 권한위임을 하기 위해서는 각 조직의 조직 문화 특성과 조직 구성원 개인의 성격 특성 등을 고려한 리더십 발휘가 필요하다는 점을 꼭 기억하세요.

그릇을 키우려면 리더부터 성장하라

　리더라면 누구나 멋지게 조직을 이끌어 가고 싶은 욕심이 있을 것입니다. 조직을 멋지게 이끌어 가고 성과를 내며 나의 리더십도 키우고 싶다면 '코이의 법칙'을 기억하세요. 관상어 중에 '코이'라는 잉어는 작은 어항에 넣어 두면 5~8cm 정도로 자라서 더 크지 않는다고 합니다. 그러나 이 코이를 아주 큰 수족관이나 연못에 풀어 두면 2~3배인 15~25cm까지 자란다고 합니다. 그리고 강물에 방류하면 90~120cm 정도까지 성장하는데, 같은 코이임에도 불구하고 자라는 환경에 맞춰서 코이의 크기가 달라지는 것입니다. 코이가 어떤 환경과 물에서 성장하느냐가 중요한 것처럼, 리더의 그릇 크기는 구성원을 성장시키는 데 매우 중요합니다.

　조직에서 리더는 권한위임이 중요한 것은 알고 있지만 어렵다고 호

소합니다. 리더가 왜 구성원에게 권한위임을 제대로 하지 않거나 어렵다고 하는지 또는 어떤 상황에서 권한위임이 어렵다고 하는 것인지 알아보겠습니다.

권한위임의 어려움과 대처법

1) 바빠서 시간이 없어요 VS 이것저것 설명할 시간에 차라리 내가 하고 말죠

효과적인 위임을 위해서는 피드백을 위한 시간이 꼭 필요합니다. 그러나 빠르게 변하는 기업 환경에서 조직은 시간적 여유 없이 신속하게 대응하며 성과를 만들어 왔습니다. 그래서 구성원이 특정 업무를 수행하거나 작업하는데 필요한 기술이나 지식이 부족할 수 있으며, 교육하고 육성하는데 시간과 자원이 더 필요할 수 있습니다.

이를 개선하기 위해서는 리더가 조직 내에서 실제 업무에서 바로 활용할 수 있는 지식과 기술을 공유하기 위해 동료 간 상호 학습을 활성화할 수 있는 시간을 마련하는 것이 좋습니다. 팀원에게 좋은 아이디어가 부족하다면 아마도 지식, 기술, 경험의 부족 때문일 것입니다. 경험으로 학습과 역량 향상의 기회가 될 수 있도록 리더가 업무를 부여할 때 구성원 역량에 맞는 과제부터 한 단계 높은 도전적 과업을 수행할 수 있도록 해 줘야 합니다. 점차 어려운 과제에 도전하면서 구성원은 자신감을 기르고 성장할 수 있습니다. 리더는 구성원에게 가능한 한 많은 성공 경험을 쌓도록 지원하며, 감당할 수 없는 과업으로 좌절을 주지 않도록 해야 합니다.

2) 추가적인 일을 하지 않으려고 해요 VS 잘못되면 책임은 누가 지나요

리더만큼이나 구성원에게도 이미 해야 할 일은 많이 있습니다. 그래서 이들은 맡은 일이 더 많아지는 것이 두렵습니다. 이때의 리더는 구성원의 두려움과 걱정거리를 적극적으로 덜어 주어야 합니다. 그래서 리더와 구성원 서로 간에 상호 합의와 소통이 필요한 것입니다. 리더가 일방적으로 구성원에게 일을 지시하고 던져 주는 것이 아닌 어떤 업무를 얼마만큼 위임받을 수 있을지 서로 협의하는 것이죠.

특히 구성원에게 기존에 맡았던 업무 내용과 양을 확인하고 새로운 일을 수용할 수 있는 여건을 마련해 주는 것이 중요합니다. 기존에 수행하고 있던 일의 일부를 다른 구성원에게 할당하기도 하며, 구성원이 새로운 일에 도전하도록 기회를 제공하고 실수를 두려워하지 않도록 격려합니다. 의미 있는 일임을 지속해서 상기시켜 자신감을 가지고 일을 추진할 수 있도록 리더가 격려해 주어야 합니다.

3) 권한을 주면 리더인 나는 뭐하나요 VS 이 일도 내가 하면 리더는 뭐하나요

리더는 업무로 유능감을 느끼고 일의 의미와 자율성, 조직의 영향력 등 자신이 리더로서 구성원에게 파워를 가지고 있다는 느낌이 듭니다. 자신이 유능하므로 스스로 일을 결정할 기회를 얻고 있으며 본인이 의미 있는 일을 하고 있다는 느낌, 자기 일이 중요한 결과에 영향을 미칠 것이라는 자신감을 항상 가지고 있습니다. 그런데 구성원에게 권한을 넘겨 주면 나는 어떻게 되는지, 리더로서의 내 존재감은 어떻게 될지 불안하기만 합니다.

특히 리더가 된 지 얼마 안 된 신임 리더는 더욱 그렇죠. 권한을 위임하여 자신의 권한이 혹은 조직 내 파워가 축소될 것을 불안해 하기 때문입니다. 이는 리더가 곧 결정권자라는 위계 의식에서 생겨난 것인데 이때는 효과적인 권한위임이 되기란 어렵습니다.

리더의 권한을 구성원에게 위임했다고 해서 리더의 권한이 축소되는 것이 아닙니다. 서로 정보 공유와 협력, 상호 작용을 적극적으로 하고, 이때 리더가 적절한 피드백을 하면서 리더의 권한은 확장된다는 것을 잊지 마세요.

한 설문에서 꼴불견 상사 1위가 업무 배분을 제대로 못해 팀을 효율적으로 운영하지 못하는 팀장으로 꼽혔습니다. 이제는 리더 혼자만의 역량만으로 모든 상황에 대응하기 어렵다는 것을 인정해야 합니다. 그래서 리더에게는 구성원에게 권한을 위임하여 구성원의 역량을 발휘하게 하고, 성과를 극대화하는 것이 시급할 것입니다.

권한위임은 단순히 업무를 분산시키는 행위가 아닙니다. 함께 일하는 사람을 믿고 스스로 문제를 해결하고 생각하지 못한 창의적인 다른 해결책을 찾게 도와주는 방법입니다. 리더가 구성원의 역량과 능력을 키워서 개개인의 잠재력을 극대화하면 팀 전체의 역량이 향상될 것이고, 궁극적으로는 경쟁력 있는 조직으로 자리매김하는 전략적인 방법이 될 수 있을 것입니다.

권한위임이 어려운 가장 대표적인 이유는 바로 신뢰 부족 때문입니다. 일부 리더는 구성원이 자신의 기준에 맞게 '나 만큼' 일을 잘 할 수 있을지 믿기 어려워 책임과 권한을 넘기는 것을 꺼립니다. 리더가 일을 맡기기에 구성원의 역량이 충분하지 않다고 의심하기 때문입니다. 이러한 현상은 대부분 리더가 부하 직원의 잠재 역량을 모르기 때문에 발생합니다. 리더가 구성원 개인의 역량 수준을 파악했다면 권한위임할 업무의 난이도와 업무 처리 속도를 고려하여 구성원에게 권한을 위임할 수 있습니다.

리더는 구성원이 가진 기술, 지식, 태도를 파악하고 구성원이 업무를 잘 수행할 수 있을 거라고 신뢰해야 합니다. 리더가 자신을 믿고 있다는 사실만으로도 구성원에게는 무한한 성장 원동력이 됩니다.

희망하는 결과를 구성원이 머리에 그릴 수 있도록 이미지화 하고, 세부 사항을 규명하는 것까지 구성원이 스스로 할 수 있도록 조금씩 맡기며, 어디까지 일을 위임할 수 있는지도 파악해 보세요. 리더의 그릇 크기가 클수록 구성원은 자신의 역량을 최대한 발휘할 수 있는 환경에서 자신감과 동기를 얻게 되어 조직 전체의 성과를 가져올 수도 있을 것입니다.

리더를 위한 질문

- 리더로서 마이크로매니징이나 방임을 했던 경험이 있나요? 그때 구성원의 성과는 어떠했나요?

- 구성원 개개인의 유형에 따라 적절한 리딩 방식은 무엇이라고 생각하나요?

- 위임이 적합한 일과 적합하지 않은 일을 어떻게 구분하고 있나요?

- 구성원을 충분히 신뢰하고 있다고 느끼나요?

- 권한위임 후에도 구성원의 진행 상황을 적절히 점검하고, 필요한 피드백과 지원을 제공하고 있나요?

- 권한위임 과정에서 실수를 용인할 수 있는 환경을 조성하여 구성원이 도전을 두려워하지 않도록 하고 있나요?

- 리더로서 구성원의 강점과 잠재력을 충분히 이해하고, 그에 맞는 권한을 위임하고 있나요?

코칭
: 멘토링 그리고 피드백

리더십을 위한
세 개의 날개

선한 코칭, 리더십을 완성하다

현대 사회는 불확실함 속에 빠르게 변화하고 있습니다. 이러한 시대에서 우리 조직이 살아남기 위해서는 어떻게 해야 할까요? 조직은 성과의 기본 단위인 팀을 이끄는 리더에 따라 팀과 조직의 성과가 좌우됩니다. 그래서 리더의 팀을 이끄는 능력, 팀에 소속된 구성원을 성장시켜 조직의 상황에 민첩하게 대응하는 능력은 매우 중요하게 강조되고 있습니다. 그렇다면 리더가 빠르게 변화하는 경영 환경에 대처하며 효과적으로 팀원을 성장시키는 방법에는 어떤 것들이 있을까요?

그동안 조직에 근무하면서 어떤 팀에서는 아주 훌륭한 인재라고 인정받던 구성원이 팀을 옮기거나 리더가 바뀌면서 전혀 눈에 띄지 않는 존재로 변하는 것을 발견할 때가 있습니다. 구성원 개인의 사정으로 업무에 몰입하지 않은 것일 수도 있지만, 대부분은 리더 때문일 것입니다.

구성원의 몰입과 성과에 가장 큰 영향을 주는 요인은 바로 리더이기 때문이죠.

팀원에게 인정받고 성공한 좋은 리더가 되고 싶나요? 훌륭한 리더로서 영향력을 발휘하기 위해 지금 당장 무엇이 필요하다고 생각하나요? 구성원이 성장할 수 있는 환경을 만들어 주는 것 그리고 그 환경 안에서 적절한 권한을 위임하며 성장할 수 있는 기회를 주는 것 그리고 구성원이 더 나은 방향으로 나아갈 수 있도록 지속해서 코칭하고 피드백해 주는 것이 필요합니다.

좋은 리더는 자신의 권한과 영향력을, 구성원을 통해 성과로 만들어 냅니다. 오로지 성과만을 목적으로 하여 목표를 수립하고 실행하는 리더는 조직원을 단지 성공의 도구로 볼 수 있겠으나, 구성원을 성장시켜 성과를 만들어 내는 리더는 코칭, 피드백, 멘토링 등을 통해 구성원을 성공시키려고 합니다. 구성원을 성장시켜 또 다른 리더로 길러 내며 성과를 달성하는 '진짜' 리더가 되기 위해서는 어떻게 해야 할까요?

최근 기업에서는 리더 평가 역량 중 하나로 차기 리더의 육성 여부를 꼽고 있습니다. 이는 리더로서의 역할 수행뿐만 아니라 차기 리더가 될 후보군을 선정하고 언젠가 새로운 리더가 필요하게 되었을 때 바로 역할을 수행할 수 있는 역량을 키우기 위해서입니다. 그래서 리더는 제각각 다른 구성원에게 코칭으로, 누군가에게는 차기 리더로서의 비전을 심어 주고 또 누군가에게는 어떻게 업무 성과를 높일 수 있을지에 대해 논의를 하는 등 맞춤 코칭과 방향 제시가 중요합니다.

일반적으로 기업에서는 '리더의 코칭'을 중요하게 인식하고 강조하고 있습니다. 모든 리더가 갖추어야 하는 기본 역량으로 생각해 리더의 코칭 역량을 향상시키기 위한 조직 차원에서의 리더 교육을 수시로 지원하기도 하는 등 다양한 노력을 하고 있습니다.

하지만 안타깝게도 '그래서 당신은 훌륭한 코치 리더인가요?', '우리 조직에 제대로 코칭하는 리더가 얼마나 될까요?'라고 질문을 한다면 자신 있게 대답하기 어려운 것이 현실입니다. 너무 바빠서 혹은 코칭 스킬에 능숙하지 않아서, 코칭하는 방법을 몰라서, 이런 이유로 코칭에 소홀하게 되면 구성원을 성장시킬 수 있는 기회와 조직의 성과를 높일 수 있는 기회를 놓치고 있는 셈입니다.

리더의 코칭이란 리더가 구성원에게 일방적으로 지시하기보다는 구성원의 이야기를 경청하고, 어려운 것이 있다면 스스로 말할 수 있도록 하며 스스로 문제 해결을 할 수 있도록 질문하여 구성원이 성장할 수 있도록 돕는 대화를 말합니다. 구성원은 리더와 함께 앞서 말한 코칭적 대화로 현재 자기 모습을 인식하기도 하고, 앞으로 성장 목표를 달성하거나 나아갈 목표를 설정하게 됩니다. 이때 리더의 코칭이란 구성원의 목표를 실현할 수 있도록 도와주는 역할을 합니다.

코칭에는 몇 가지 치밀한 사전 준비가 필요합니다. 치밀하게 준비해서 제대로 코칭에 임하지 않으면 효과가 없습니다. 그뿐만 아니라 요즘처럼 구성원의 사생활을 민감하게 여기는 MZ세대 구성원이 다수 유입되어 있는 경영 환경에서는 반감을 사기도 합니다. 또한 형식적인 코칭으로 느끼는 순간 구성원은 리더의 코칭 행동을 의미 없다고 생각합니다.

효과적인 코칭을 위한 조건

그렇다면 리더가 구성원에게 코칭을 효과적으로 수행하기 위한 조건에는 무엇이 있을까요?

첫째, 대상은 업무에 대해 주도적이고 성장 의지가 높은 구성원으로 해야 합니다. 리더는 구성원을 자세히 관찰해야 합니다. 제각각의 다른 구성원 중에서 특히 코칭이 효과적인 구성원은 바로 성장 욕구가 높은 구성원입니다. 성장 욕구가 높은 구성원은 자기 주도성을 발휘해 업무를 자발적으로 수행하며, 업무에 대해서도 이해 능력이 높은 편입니다.

둘째, 코칭을 수행할 때의 주도권은 리더가 아닌 구성원이 가지고 있어야 합니다. 코칭의 대화 방식은 주로 질문과 경청을 통해 이루어집니다. 리더는 구성원에게 적절하게 질문을 하며 경청을 통해 의견을 듣고 업무를 잘 수행할 수 있도록 최소한의 개입만 실행합니다. 구성원은 리더의 질문에 스스로 생각하고 답할 수 있어야 합니다. 리더는 일의 목적이나 방법 등에 대해 질문하고 구성원의 의견을 들으며 동기를 촉진하는 역할을 수행합니다.

셋째, 성과로 이어지도록 하려면 목표는 조금 더 높이 설정하는 것이 좋습니다. 코칭의 대상은 주도적인 구성원이기에 더 높은 수준의 성과를 달성하기 위해 노력할 것입니다. 이때 리더는 지속해서 격려와 칭찬을 하며 동기부여 하는 것이 좋습니다.

멘토링으로 조직도, 리더도 커진다

코칭과 멘토링은 코치(리더)-피코치자(코칭을 받는 구성원), 멘토(리더)-멘티(멘토링을 받는 구성원)가 상호 학습하고 영향을 받아 서로의 역량을 성장시키는 교육 훈련 방법 중 하나입니다. 특히 코칭과 멘토링을 주고받는 리더와 구성원은 본인의 업무를 명확하게 알고 있으며, 과업을 수행할 수 있는 사람들입니다. 코치와 피코치자, 멘토와 멘티는 이런 과정을 통해서 상호 지식과 노하우를 나누는 것뿐만 아니라 직무 만족도와 조직 몰입을 높이는 데 긍정적인 영향을 주고, 조직에 대해서도 긍정적인 태도를 가지게 한다는 연구 결과도 있습니다. 그래서 조직에서는 적절한 코칭과 멘토링을 활용하는 것이 중요합니다.

코칭과 멘토링은 비슷한 듯 하지만 구분할 수 있는 몇 가지 특징들이 있습니다. 멘토링은 업무 지식과 경험이 많은 멘토가 멘티에게 조언과

구분	코칭	멘토링
전문가 역할 (코치/멘토)	촉진자	롤모델
대상자를 보는 관점 (피코치자/멘티)	성장과 발전의 주체	경험과 지식의 전수 대상
전문가의 개입	최소한의 개입	높은 개입
문제 해결 방식	해결안 도출 촉진	해결안 제시
임파워먼트 수준	높음	낮음
기간	공식적 측면 강조	비공식적 측면 강조
활용 목적	개인의 성장과 변화를 위한 동기부여 지원	조언과 지도, 잠재력 개발

업무 가이드를 주면서 멘티의 업무 수행력과 역량을 키워 주는 것입니다. 멘토링이 선배의 경험과 지식을 신입사원이나 업무에 익숙하지 않은 멘티에게 전수해 주고 멘티는 멘토를 닮아가려고 노력하는 데에 초점이 있다면, 코칭은 리더가 코칭 받는 구성원의 차별화된 강점을 바탕으로 성장을 지원하는 것에 중점을 두고 있습니다.

멘토링이란 구성원이 업무를 수행하면서 경험하게 되는 어려움에 봉착했을 때 상담하거나 혹은 리더의 지난 성공과 실패의 경험에 대해 의견이나 노하우를 나누는 방법입니다. 이때 멘토는 멘티에게 조언자, 상담자, 지도자의 역할을 하게 됩니다. 보통 도움을 주는 선배 사원을 '멘토', 선배 사원의 도움을 받는 구성원을 '멘티'라고 부릅니다.

코로나19 팬데믹 이후 대퇴사시대라는 말이 유행처럼 퍼져 나가면서

입사한 신입사원이 빠르게 퇴사를 선택하는 현상들이 있었습니다. 퇴사하는 신입사원이 퇴사 이유로 '일을 하다 장애물에 봉착했을 때 상담할 수 없는 선배가 없다'라는 사유를 언급하였는데, 기업으로서는 당황스럽기도 합니다.

멘토링 제도를 도입하면 사내 의사 소통이 활발해진다는 큰 장점이 있습니다. 멘티는 멘토의 노하우와 경험을 전수받으면서 또는 다양한 문제 해결 방식들을 제안받으면서 효과적인 의사 소통 방법도 고민하게 됩니다. 또한 멘토가 된 리더는 멘티에게 모범을 보여야 한다는 책임감을 느끼며, 자기 자신을 돌아보고 자기 관리를 실현해 나가며 성장을 북돋아 줍니다. 멘티는 멘토의 여러 노하우를 통해 성장할 수 있고, 상담과 조언으로 긍정적인 근무 태도와 몰입에도 기여할 수 있습니다.

> **"**
> ## 멘토링은 밥을 먹고
> ## 인증샷 찍는 걸로 끝나나요?
> **"**

그러나 사내교육으로서의 멘토링은 인기가 없는 편입니다. 크게 두 가지 이유를 들 수 있습니다.

첫째, 실무형 멘토링 전문가가 부족합니다. 멘티이던 후배 사원이 멘토가 되어 새로운 후배 사원을 이끌고 또 그 후배 사원이 멘토가 되는 등 계속해서 이어지게 되는 과정을 '멘토링 체인'이라고 하는데, 이를 순환하기까지는 꽤 오랜 기간이 필요합니다.

둘째, 리더에게 멘토링은 부수적인 업무가 추가되어 업무 과중으로 느낄 수도 있습니다. 특히 실무 관계에 있는 리더와 구성원이라면 향후 업무와 관련하여 관계가 악화될 것을 염려해 상담을 주저하게 되어 적극적인 멘토링이 실행되지 않기도 합니다. 이런 문제점을 개선하기 위해 기업에서는 적극적인 멘토링 팀에게 포상하는 등 제도적 보상을 시행하기도 하지만, 멘토링은 결코 단발성이나 짧은 시간 내에 성과가 날 수 없습니다. 오랫동안 사내 전체의 이해를 얻어 지속해서 진행되어야 하는 제도이기 때문입니다.

조직에서는 멘토링을 주로 신입사원의 빠른 사내 적응을 돕기 위하여 온보딩 과정에서 많이 활용하는데, 최근에는 낮은 연차 구성원의 경력 개발 조언을 위한 멘토링이나 여성 구성원이 고민하는 육아와 일, 가정의 양립과 조직 내 성장을 위한 멘토링 또는 임원을 대상으로 하는 어드바이스를 위한 멘토링을 실시하는 등 다양한 구성원을 대상으로 멘토링을 실시하기도 합니다.

사례 1

변화와 혁신의 원동력 - 구찌의 역 멘토링 '그림자 위원회'

멘토링 프로그램을 다르게 도입해서 기업에 제2의 전성기를 맞이한 기업이 있습니다. 바로 패션 브랜드 '구찌'인데요. 영어권에서 'It's so GUCCI!(구찌스럽다)'라는 표현이 전 세계 힙한 젊은 친구들 사이에서 '멋지고 힙하다'라는 의미로 사용될 만큼 구찌는 젊은 세대의 아이콘이 되었습니다. 구찌의 변화와 혁신을 이끈 원동력은 바로 역 멘토링입니다. 선배가 후배에게 지도하는 일반적인 멘토링과는 다르게, 역 멘토링은 젊은 직원이 경험 많은 리더를 지도하는 방식으로 진행되는데, MZ세대의 관점과 디지털 환경(SNS 플랫폼 활용)에 대한 이해를 경영 전략에 반영하여 구찌의 오래된 이미지를 젊게 바꾸는 데 성공했습니다.

구찌는 전 CEO였던 마르코 비자리가 2015년에 그림자 위원회(Shadow Board)를 설립했는데, 이 위원회의 특징은 구성원이 모두 30세 이하로 구성되어 있다는 것입니다. 이 위원회의 역할은 임원 회의에서 다룬 주제에 대해 다시 토론하고 해결책을 제시하는 것인데, 경영진은 임원 회의와 그림자 위원회의 의견을 모두 고려해서 의사 결정을 내립니다. 일반 기업의 임원 회의에서 논의된 안건이 그대로 통보되던 방식이 아닌 MZ의 의견을 경청하여 세대를 아우르며 공감대를 형성하는 방향을 함께 도출해 내는 것이죠. 이는 MZ세대를 이해하고 그들의 의견을 적극적으로 수용하고 반영하는 것이 기업의 성공 가도와도 연결되어 있다는 것을 보여 줍니다.

세대 간의 심리적 거리감 줄이기 - 함께하는 동행 외식기업 J사의 '멘토링데이'

35년간 외식업을 운영 중인 J사에서 운영하는 멘토링데이는 급변하는 환경 속에서 젊은 세대인 신입사원이 멘토가 되어 윗세대인 선배 사원에게 조언해 주는 역 멘토링 제도를 운영하고 있습니다. 매년 물가 상승과 인건비 상승, 경기 침체 등의 경영 악재와 매우 빠른 속도로 변화하는 외식업의 특성상 생존을 위해 새로운 트렌드를 학습하는 것은 종사자로서 필수적인 항목입니다. 특히 CEO는 앞으로 MZ세대의 인구 비중과 구매력의 향상 등을 고려했을 때 젊은 세대의 특성을 반영한 서비스 제공과 조직 운영 방식의 변화 필요성을 느껴 수평적 조직 문화를 구축하기 위한 노력으로 '멘토링 데이'를 오랫동안 실시하고 있습니다. J사의 멘토링 데이의 구체적인 절차는 다음과 같습니다.

첫째, 다가가기! 신입사원 입사 오리엔테이션 마지막 행사로 신입사원과 선배 사원은 결연행사를 통해 첫 만남이 이루어집니다. 첫 만남에서 멘토링이란 무엇인지 학습하고 매월 있는 멘토링 데이에 대한 목적과 계획을 세우고, 다른 멘토링 팀과 정보를 공유하거나 기존 멘토링 팀의 사례와 노하우를 공유하며 앞으로 어떤 멘토와 멘티가 될 것인가에 대한 이야기를 나눕니다.

둘째, 알아가기! 매월 있는 멘토링 데이에는 이전에 스스로 계획한 멘토링 데이 프로그램에 멘토 - 멘티가 함께 참가합니다. 특히 트렌드 변화에 민감한 외식업 특성상 사람들이 어떤 소비 트렌드를 즐기는지, 젊은 세대가 주로 어떤 것에 열광하는지를 파악하고 벤치마킹하여 기업에 도입할 수 있는 아이디어를 제안하는 것이 중요합니다. 핫플레이스나 맛집을 탐방하거나 소위 핫하다고 하는 곳을 방문해서 선배 사원들은 젊은 세대가 열광하는 잇템과 그 이유가 무엇인지, 최근 고객들의 니즈에 맞으며 기업에 도입할 수 있는 제품/서비스를 제공하기 위한 보고서를 작성하여 제출하죠. 기업에서는 멘토링 데이를 통해 시장의 변화와 트렌드, 젊은 세대의 취향에 대해 학습하고 젊은 세대에게 인기 있는 다양한 산업군의 매장을 방문하여 시장의 변화 트렌드를 탐색하는 기회가 되는 셈입니다.

셋째, 인정하기! 6개월간의 신입사원 교육 프로그램 종료 시 선배 사원과 소통 강화를 위해 노력한 멘토를 대상으로 우수 멘토를 시상합니다. 이 우수 멘토상은 그동안 함께해 온 동료와 멘토에게 인정받았다는 결과인 만큼 수상한 멘토들에게 더욱 큰 의미가 있을 것입니다.

넷째, 참여하기! 초반에는 단순히 IT나 SNS 활용법 공유, 외부 시장의 트렌드 센싱 등의 목적을 위해 시행했던 멘토링 데이는 내부 조직 문화의 변혁을 위한 젊은 세대의 의사 결정 참여로 이어집니다. 특히 신입사원 교육 프로그램 수료식 시 제출하는 신입사원들의 제안 제도에서 그동안 OJT와 멘토링 데이에서 보고, 느끼고, 학습한 것을 토대로 회사에 제안하는데, 주로 최신 시장과 고객의 동향을 파악한 제품/서비스의 제안이 주를 이룹니다. 이를 통해 J사는 신메뉴 개발 및 비용 절감 등의 경영 효과를 볼 수 있었다고 합니다.

피드백의 목적

보통 피드백이라 하면 과거를 돌아보게 됩니다. 칭찬보다는 과거의 개선할 점, 보완해야 할 점, 아쉬운 점에 사로잡히기도 합니다. 피드백은 '먹이다'는 뜻의 피드Feed와 '뒤로'라는 뜻의 백Back의 합성어로 '뒤로 먹이다' 즉 환류, 과거를 돌아본다는 의미입니다. 조직에서 피드백은 구성원의 행동에 대해 구체적인 반응을 보여 행동을 강화하거나 변화의 기회를 제공하는 것이라고 설명하고 있습니다.

쉽게 말하면 피드백이란 조직에서 잘하고 있는 것은 더 잘하고 강하게 만들어, 잘한 부분을 계속 인지시켜 같은 상황에서 동일한 행동을 하게 만들어 주는 것입니다. 또한 개선사항이나 잘못된 방향이 있다면 수정하고 교정해서 동일한 상황에서 같은 실수를 하지 않도록 하는 것이 피드백인데, 궁극적으로 피드백을 통해서는 행동의 변화가 있어야 합니다.

리더는 조직 내에서 구성원과 함께 업무를 하며 피드백이 필요한 순간을 자주 마주합니다. 그러나 리더가 구성원에게 피드백을 하는 것이 쉽지는 않습니다. 리더의 피드백 대부분은 구성원의 약점을 보완하는 데 집중되어 있다는 부정적 이미지 때문에 혹시나 잔소리꾼이 되지는 않을지 구성원의 눈치가 보입니다. 그리고 구성원 역시도 '피드백=지적'이라는 생각에 피드백 받는 순간을 피하고 싶어 합니다. 혹여나 피드백을 통해 동기가 감소한다거나 퇴사의 요인으로 작용할까 봐 리더는 솔직하게 알려 주는 정확한 피드백이 아닌 두루뭉술하게 하기도 합니다. 요즘 리더는 화두인 '꼰대'가 되고 싶지 않아 합니다.

1) 피드백을 위한 첫째, 과정 돌아보기

부족한 점, 개선할 점을 지적하거나 공유하는 것이 아닌 잘하는 것을 더 잘하기 위해 정확하게 알려 주고 인정하고 칭찬을 하는 것이 피드백입니다. 그러나 우리는 피드백이라면 부정적 이미지가 가득 차 칭찬에 박하고 개선할 점에 더 많은 시간을 할애하기도 합니다. 특히 팀의 성과가 조직의 성과를 이룰 수 있는 조직 내의 환경에서 성과만을 목적으로 하는 리더에게 과정은 중요하지 않습니다. 결과 즉 성과만 중요하기 때문입니다. 성과를 목적으로 하는 피드백은 지적질이 될 수밖에 없습니다. 각자의 성과가 잘 만들어지기 위한 아이디어와 다짐 같은 것은 나오는 데 한계가 있을 수밖에 없습니다. '왜 그것밖에 못해?' 라는 말보다는 잘 되고 있을 때 이유를 돌아보고, 결과가 반대라면 왜 그런 결과가 나왔는지를 돌아보는 것이 필요합니다.

세종대왕 : 현명한 사람과 어리석은 사람을 들여 쓰고, 내치는 방도가 무엇인가?

강희맹 : 결점만 지적하고 허물만 적발한다면 현명하고 유능한 사람이라도 벗어날 수가 없습니다. 단점을 버리고 장점을 취하는 것이 인재를 구하는 가장 기본인데, 이렇게 하면 탐욕스러운 사람이든 청렴한 사람이든 모두 부릴 수 있습니다.

2) 피드백을 위한 둘째, 긍정적인 측면에서 기회 발견하기

한 리서치에서 진행한 리더의 피드백 스타일에 따른 팀원의 몰입도 조사에서 리더가 팀원의 강점에 집중해서 피드백했을 경우 약 61%의 직원이 몰입했지만, 구성원의 약점에 집중해서 피드백했을 때는 45%의 직원만이 몰입했다고 했습니다. 리더의 긍정적 피드백이 구성원의 자기 효능감과 심리적 안정감에 가장 큰 영향을 미치며, 강점을 지속해서 자극한다는 의미로 해석될 수 있습니다.

피드백이 불편한 리더, 피드백을 바로 쓰는 방법

첫째, 피드백을 수용할 수 있는 환경을 만들어야 합니다. 생각보다 피드백하는 것이 쉽지 않습니다. 그러나 리더에게 있어 피드백은 특별할 때가 아닌 일상적으로 그리고 선택이 아닌 필수적으로 해야 하는 대화입니다. 대부분의 피드백은 사고, 행동의 변화를 위한 '교정적' 역할을 하게 됩니다. 피드백을 하기 전 가장 중요한 단계는 먼저 나의 감정 상태를 인지하는 것입니다. 리더 대부분은 직책자가 되기 이전에 하이퍼포머였기 때문에 구성원의 모습이 눈에 차지 않을 수 있습니다. 그래서 피드백 이후 빠르게 변화하는 모습이 보이지 않을 때 피드백을 귀담아듣지 않았구나, 노력하지 않는다는 생각에 점차 부정적 감정이 섞인 피드백을 줄 수 있습니다.

또한 구성원보다 리더는 쉽게 감정을 표출할 수 있는 위치이므로 구성원은 리더의 감정과 기분에 쉽게 영향을 받게 됩니다. 감정 실린 피드백은 비난받는 느낌을 주기 때문에 구성원으로서는 상당히 기분이 나쁘기도 합니다. 그런 상황을 예방하기 위해서는 교정적인 피드백을 쌓아 두지 말고 바로 해야합니다. 시간이 지난 후에는 그 상황에 대해 정확히 기억하기 어려우며 누적된 부정적 감정은 실제보다 더 부풀려지기 쉽습니다.

또한 하나하나의 행동에 대한 잦은 피드백은 구성원을 위축시키며 피로감을 느끼게 하기도 합니다. 피드백을 주는 시기는 주 1~2회 정도로 적절한 시점에 피드백할 수 있도록 하는 것이 좋습니다. 또한 팀원의 실수로 인한 이슈 발생 시 그 즉시 비난하거나 책임을 묻지 않고 상황을 팀원에게 먼저 설명한 후 일정 시간을 두고 미팅을 약속하는 것도 방법입니다. 피드백의 목적은 상황을 개선하기 위함이지 비난이 아니므로 원인을 파악하고 스스로 발전 방향을 고민할 수 있도록 시간적 여유를 두는 것이 좋습니다. 그 시간은 동시에 격양된 감정을 가라앉히는 쿨링 타임이 될 수 있습니다.

둘째, 리더는 말하는 스타일과 평소의 말 습관을 파악하여야 합니다. 직선적으로 말하는 사람은 본인을 '뒤끝 없는 사람'이라고 표현할 때가 있는데, 듣는 구성원은 피드백이 아닌 인격적 모독, 무례함으로 인식할 수도 있습니다. 직장 내 예의에 대해서 20년 이상 연구해 온 미국 조지타운대학교의 크래스틴 포래스 교수의 《무례함의 비용(정태영 옮김, 흐름출판, 2018)》에 따르면 직장 내에서 무례함을 경험하면 일에 대한 노력이나 시간을 의도적으로 줄이는 경향이 있다고 하니 개선하려고 했던 피드백이 오히려 독이 될 수도 있는 것입니다. 전후 설명이 없이 다짜고짜 본론으로 들어가거나 상대를 무시하거나 비난하는 말 습관이 있는지 파악하세요. 본인은 본인을 제대로 알기 어려울 수 있으므로 초기 몇 번은 녹음하여 다시 들어보는 것도 좋은 방법입니다.

셋째, 피드백을 받는 상대와의 관계를 점검해야 합니다. 우리나라는 관계 지향적이므로 상대와의 관계에 따라 내가 어떻게 행동할지 영향을 받습니다. 나의 피드백이 제대로 작동하지 않는다면 관계가 무너지지는 않았는지 점검할 필요가 있습니다. 스티그마 효과는 타인이 자신을 긍정적으로 생각하면 그 기대에 부응하려고 노력하지만, 부정적으로 낙인을 찍으면 부정적 행태를 보이는 현상을 이야기합니다. 관계가 무너졌다는 것은 해당 직원에게 부정적인 낙인을 찍은 결과물일 수 있으며, 그때는 피드백이 정상적으로 작동하기 어렵기 때문입니다. 그래서 먼저 그 구성원과의 관계 회복을 우선으로 해야 하며 왜 변하지 않냐고 다그치지 말아야 합니다.

효과적인 피드백 방법

아무리 좋은 약도 먹어야 효과가 있는 것처럼 아무리 좋은 의도로 한 피드백이라도 상대방이 진심으로 받아들여지만 전달하였다고 할 수 있습니다. 또한 시간이 없고 바쁜 리더에게는 시간이 금이니 시간을 들인 만큼 효과적으로 피드백해야 합니다. 상대방이 받아들이기 쉬운 피드백을 위해 유용한 피드백 방법은 다음과 같습니다.

1) 아무리 바쁘더라도 피드백은 리더가 직접 하세요

칭찬이면 몰라도 구성원에게 피드백의 순간은 언제나 편하지만은 않습니다. 특히 다른 사람을 통해 듣게 되는 피드백은 상당히 기분이 나쁩니다. 기분만 상하게 만들 뿐 조직에는 아무런 도움이 되지 않는 피드백입니다. 구성원이 피드백으로 좀 더 나아지길 원한다면 피드백은 직접, 즉시 하세요. 직접 리더를 통해 전달받은 피드백은 쉽게 공감할 수 있습니다. 또한 구성원은 리더가 본인의 업무에 관심을 가지고 본인을 성장시키기 위한 피드백이라는 것을 인지하고 건설적인 대화로 이어질 수 있습니다.

2) 피드백은 구체적으로 하세요

리더가 하는 말은 설득력이 있어야 합니다. 리더가 하는 피드백은 구성원이 쉽게 공감할 수 있고 설득력이 있으며 앞으로 행동의 변화를 끌어내야 성공적인 피드백이라 할 수 있습니다. 구체적인 피드백은 여러 가지 행동을 향상시켜 변화를 끌어내거나 업무를 수행할 때 다양한 기술이 요구될 때 필요합니다. 모호한 피드백은 리더가 원하는 지향점이 아닌 목표 행동을 다르게 해석할 수 있어 다른 결과가 나올 수도 있기 때문이죠.

구체적인 피드백은 세 가지 단계로 접근하면 기억하기 쉽습니다. 구체적으로 어떤 일이 있었고(객관적 사실과 상황), 어떤 결과를 가져올 것이며, 어떤 영향을 미칠 가능성이 있는지(영향), 그래서 리더의 생각은 앞으로는 어떻게 했으면 좋겠다(향후 방향성)는 단계입니다. 항상 바쁜 리더에게 제각각인 구성원을 관리하여 성과를 내기란 벅찰 수도 있습니다. 피드백을 매번 또는 자주 할 수 없는 상황이라면, 피드백할 때 구체적으로 하여 구성원의 공감을 통한 행동의 변화를 끌어내는 것이 효과적인 피드백 방법입니다.

3) 피드백은 충분히, 수시로 칭찬하세요

고래도 춤추게 한다는 칭찬의 중요성에 대해 수도 없이 많이 들어왔지만, 리더는 여전히 칭찬에 인색합니다. 의례적인 칭찬, 입에 발린 칭찬은 좋지 않다고 생각하는데, 칭찬할 만큼 잘한 것이 없어 어렵다면 80~90점이 아니라 60점만 되어도 칭찬하기로 기준을 낮추는 것이 좋습니다. '고민한 흔적이 보인다', '며칠 동안 고생했다', '그래도 좋은 시도를 했다' 등 결과가 아닌 과정이라도 칭찬해 보세요. 충분히 잘할 수 있는 사람이라고 잠재성이라도 칭찬하는 것입니다. 긍정적 방향의 스티그마 효과를 경험하게 될 것입니다.

4) 피드백은 미래를 향해 개인의 목표, 팀의 목표와 연결시키세요

리더가 아무리 좋은 의도를 가졌다 하지만 대부분의 피드백은 부정적인 경우가 많고, 구성원은 깊게 공감되지 않고 기분만 상할 때가 많습니다. 구성원의 적극적인 의지 향상과 참여, 공감을 끌어내려면 구성원 개인의 목표를 실천하기 위한 효율적인 방법이나 지속적인 학습 등을 제안할 수 있습니다.

또한 개인의 목표를 팀의 목표와 연결해 팀에 도움이 되는 방법을 알려 주거나 가지고 있는 문제점에 대해 지원해 줄 사항은 무엇인지 질문하는 코칭 방법도 좋습니다. 이때 리더의 피드백으로 구성원은 개인의 목표를 달성하고, 팀이 함께 해결하며 팀의 동반 성장까지 이뤄 내며 팀의 협업 능력 또한 향상될 것입니다.

코칭, 멘토링, 피드백은 조직 관리를 위해 리더가 구성원을 위해 제공해야 할 좋은 리더십 스킬입니다. 그러나 효과적인 리더십 스킬을 적용하기 위해서 무엇보다 중요한 것은 리더가 욕심을 내려놓는 일입니다. 사람은 쉽게 바뀌지 않으므로 누군가를 바꿀 수 있다는 과도한 자신감을 갖지 마세요. 만약 같은 피드백을 여러 번 했는데도 바뀌지 않는다면 그 사람은 공감하지 않거나 혹은 노력은 하고 있지만 잘 보이지 않는 것입니다. 또 아주 작은 사소한 것까지 피드백하지 않도록 노력해야 합니다. 출근에서부터 퇴근까지 내 눈에 차지 않는 것이 열 가지가 넘을 수도 있으나 그중에 성과나 팀워크에 크게 영향을 주는 것이 아니라면 참으세요.

리더를 위한 질문

- 구성원의 코칭을 위해 현재 얼마나 많은 시간을 할애하고 있나요?

- 효과적인 코칭을 위해 특별히 주의를 기울이는 점이 있다면 무엇인가요?

- 구성원이 피드백을 잘 수용하도록 돕기 위해 어떤 방법을 활용하고 있나요?

- 지난 일주일 동안 구성원에게 얼마나 자주 칭찬과 격려의 말을 전했나요?

- 구성원 개개인의 강점과 약점을 충분히 이해하고, 그에 맞는 맞춤형 코칭을 제공하고 있나요?

- 구성원이 스스로 해결책을 찾을 수 있도록 적절한 질문과 피드백을 제공하고 있나요?

- 구성원이 자신의 성과와 행동에 대해 책임감을 느낄 수 있도록 코칭과 멘토링을 설계하고 있나요?

03

리더의
HOW

·

어떤 리더로
남길 바라는가

갈등 관리

갈등은 기회이고
기회는 갈등이다

리더십과 갈등, 그 조화의 필요성

갈등, 리더 혼자 감당할 수 있을까

갈등이라는 말을 들으면 아마도 최근에 겪은 갈등이 머릿속을 빠르게 스칠 것입니다. 그만큼 갈등은 일상과 깊이 얽혀 있는 흔한 주제입니다. '얽혀 있다'는 것은 다양한 요인이 복잡하게 연관되어 있어 쉽게 풀기 어렵다는 의미로, 조직 내에서도 다양한 요소가 복잡하게 얽혀 갈등을 일으키고는 합니다. 그래서 갈등이라는 말에 갈등 상황이 떠올랐을지도 모릅니다.

조직 관리에서 구성원을 동기부여하고 성장을 독려하기 위해 코칭이나 피드백의 중요성을 강조했습니다. 그러나 리더로서 갈등은 피해 갈 수 없는 현실이죠. 아무리 뛰어난 코칭과 피드백을 제공하더라도 조직 내에는 서로 다른 가치관과 목표, 다양한 이해 관계로 여러 요소들이 복잡하게 얽히면서 갈등이 발생하는 것은 자연스러운 일입니다.

중요한 것은 이 갈등을 회피하거나 억누르기보다 건강하게 다루고 해결하여 구성원이 서로를 이해하고 신뢰를 쌓아가는 기회로 만들어야 합니다. 결국 리더의 역할은 갈등을 위기에서 기회로 전환하여 팀이 더욱 단단해질 수 있도록 돕는 데 있습니다. 다시 말해 갈등은 조직 내의 여러 관계와 이해 관계 속에서 자연스럽게 발생하며, 리더가 조직을 관리하는 과정에서 반드시 직면하는 도전 중 하나가 바로 갈등 관리입니다.

갈등은 칡 갈(葛)과 등나무 등(藤)이 결합된 것으로, 칡과 등나무라는 덩굴 식물에서 유래했습니다. 칡과 등나무는 자라는 방향이 달라 같은 공간에서 함께 자랄 때 서로 얽히고설키는 특성이 있습니다. 갈등이라는 단어는 서로 다른 방향의 이해 관계가 부딪히며 얽히고설켜 쉽게 풀리지 않는 상황을 의미합니다. 단어 자체에 '해결이 쉽지 않다'는 속성이 담겨 있는 셈이죠.

그래서 갈등 관리의 필요성과 중요성을 강조하지 않을 수 없습니다. 갈등을 단순히 피하거나 억누르는 것이 아니라 효과적으로 관리하고 해결하는 능력이 리더에게 필수적인 역량입니다. 갈등 관리는 조직의 성과뿐만 아니라 구성원 간의 신뢰와 협력에 직접적인 영향을 미치기 때문입니다.

조직은 공동의 목적을 달성하기 위해 다양한 구성원이 모여 각자의 위치에서 하루의 절반 이상을 보내며 고군분투하는 공간입니다. 갈등이 생기지 않을 수 없겠죠. 최근에는 조직 내에서 세대 간, 부서 간, 리더와 구성원 간, 동료 간의 갈등 등 여러 형태의 갈등이 빈번하게 발생하고 있습니다. 특히 팀 내 구성원 간에 갈등이 발생하면 어느 편도 들어주기 곤란한 상황에 부닥치기도 합니다. 어느 한쪽에 힘을 실어 주면 편애한다는 오해를 받거나 억울하다고 하소연하는 한쪽이 발생하기 때문입니다.

갈등 관리의 중요성이 드러나는 현대의 조직 문화는 갈등을 억누르기보다는 드러내고 해결하려는 방향으로 변화하고 있습니다. 이런 변화는 특히 Z세대의 등장과 맞물리며 더욱 두드러지고 있습니다. Z세대는 자신의 목소리를 내고 더 나은 해결책을 찾기 위해 직접적인 소통을 중시하는 경향이 강하기 때문입니다. 변화 속에서 리더는 팀워크를 유지하고 성과를 극대화하기 위해 갈등을 적극적으로 관리하고 효과적으로 해결할 수 있는 능력을 발휘해야 하는 시점입니다.

갈등 관리의 중요성은 커지고 있지만 많은 리더가 갈등 관리에 어려움을 겪고 있습니다. 갈등이 발생했을 때 그 원인을 정확히 파악하고 각자의 입장을 존중하면서도 문제를 해결할 방안을 찾는 일은 쉽지 않습니다.

Z세대와 같은 새로운 세대가 조직에 유입되면서 갈등의 양상은 더욱 복잡해지고 있습니다. Z세대는 개방적이고 직접적인 소통을 선호하는 반면 기성세대는 인내를 미덕으로 여기는 문화에서 성장했기 때문에 갈등을 다루는 방식에서 충돌이 발생하기 때문입니다.

새로운 세대의 유입이 아닌 기성세대만 있더라도 또 다른 형태의 갈등은 존재합니다. 인내를 미덕으로 표현한다는 것이 상대의 언행을 이해하고 수긍한다는 의미는 아니기 때문입니다. 표면적으로는 아무 일도 없는 것처럼 웃고 대화하고 있지만, 그 내면에는 자신의 전문성과 신념에 반하는 동료를 반목하고 밀어 내는 경향이 있어 음지에서 갈등이 더 드러나는 일도 있습니다.

그뿐만 아니라 최근에는 중고 신입(경력이 있는 신입)과 경력 사원의 유입으로 인해 리더보다 나이가 많거나 회사 경력이 많은 구성원이 팀원으로 합류하는 경우도 늘어나고 있습니다. 또한 성과 중심의 승진 제도로 인해 상대적으로 경험이 적은 리더가 더 많은 경력과 경험을 가진 팀원을 관리하게 되는 상황도 빈번합니다. 이러한 상황은 리더에게 심리적 부담을 가중시키며 갈등 관리의 복잡성을 더하고 있습니다.

다양한 배경을 가진 구성원이 함께 일하면서 발생하는 갈등은 조직 내에서 중요한 과제로 떠오르고 있으며, 갈등을 적절히 해결하고 조율하는 능력은 팀의 유대감과 성과를 높이는 데 필수적이기 때문에 리더가 갈등 해결을 위해 적극적으로 노력해야 하는 이유이기도 합니다.

많은 리더가 갈등을 관리하기보다는 아예 발생하지 않는 것이 가장 이상적이라고 생각하여 갈등을 외면하는 경향이 있습니다. 그러나 갈등을 방치하거나 억제하려 한다면 근본적인 원인이 해결되지 않기에 상황이 심각해지고 조직의 분위기와 성과에 부정적인 영향을 미치게 됩니다. 즉 갈등은 단순히 사라지기를 기다린다고 해결되는 것이 아니라 제대로 관리되지 않으면 더욱 커지고 악화될 수밖에 없습니다. 따라서 리더는 갈등을 예방하는 노력뿐만 아니라 이미 발생한 갈등을 적극적으로 관리하고 해결하려는 태도를 보여야 합니다.

리더가 바라보는 갈등 관점

갈등은 인간관계와 조직 내에서 피할 수 없는 일상의 일부입니다. 서로 다른 배경과 성격, 다양한 목표와 가치를 가진 사람들이 함께 일하고 소통하는 과정에서 갈등은 자연스럽게 발생할 수밖에 없습니다. 그렇다고 갈등을 제대로 관리하지 않으면 억눌린 갈등과 같은 더욱 큰 문제로 발전하여 팀 내 신뢰를 훼손할 위험이 생깁니다.

조직 구성원 간 갈등이 얼마나 큰 문제로 발전할 수 있는지 보여 주는 사례가 하나 있습니다. 같은 프로젝트를 수행하던 구성원 간의 갈등이 있었습니다. 모두가 업무 욕심이 있고 열심히 하는 사람들이었는데, 동료에게 불만이 있었던 한 명이 공개적인 방식으로 상대의 잘못을 비난하는 시그널을 보냈습니다. 그리고 그 비난의 타깃이 된 구성원은 다시 공개적으로 불편한 감정을 담아 대응했죠. 성인의 갈등이 얼마나 이성적인 탈을 쓴 감정 싸움인지를 직접적으로 목격할 수 있었습니다. 그렇게 서로의 갈등을 모든 사람이 알 수 있도록 수면 위로 드러낸 후 그들의 다툼은 실제 업무까지 연장되어 예정된 일정, 업무 수행에 큰 영향을 미쳤습니다. 구성원 간의 갈등을 리더가 다 알 수는 없겠지만 평소 이상징후를 눈치채고 관리하지 않는다면 더 큰 문제를 만들어 낼 수 있다는 교훈적인 경험이었습니다.

리더는 갈등의 근본적인 원인을 깊이 이해하고 적극적으로 관리하고 해결하려는 태도를 보여야 합니다. 이것이 바로 리더의 효과적인 갈등 관리의 첫 단계입니다. 갈등의 근본적인 원인이 이해되면 감정에 치우치지 않고 객관적으로 문제를 분석할 수 있으며, 더 효과적이고 지속할 수 있는 해결 방안을 찾을 수 있습니다. 또한 갈등을 건강하게 해결하여 구성원이 서로의 상황을 이해하고 존중하는 환경을 만들 수 있습니다.

그뿐만 아니라 갈등 관리 능력은 개인의 삶의 질을 높여 줄 수 있습니다. 갈등은 언제나 우리 주변에 다양한 형태로 존재합니다. 일상 관계에서의 갈등, 가족 내 갈등, 직장이나 조직에서의 갈등 등 여러 차원의 갈등을 경험하며 해결하기 위해 노력합니다. 갈등은 단순히 개인적인 문제가 아니라 공동체의 일원으로서 겪게 되는 피할 수 없는 삶의 일부입니다. 그래서 갈등이 없는 사회를 '유토피아'라고 부르는지도 모릅니다. 갈등이 없는 세상은 매력적이지만 현실적으로 불가능하기에, 갈등을 완벽히 제거할 수 없는 현실에서 갈등을 어떻게 다루고 해결할 것인가를 먼저 고민해야 합니다.

다섯 가지 갈등, 다섯 가지 생존법

조직 내 갈등을 중재하려면 갈등에 대한 인식을 점검해야 합니다. '첨예한 갈등도 해결될 수 있다고 생각하나요?'라고 묻는다면 아마 쉽게 답하기 어려울 것입니다. 극으로 치달은 부부 갈등이나 나라 간의 이해 관계로 인한 전쟁처럼 절대 해결되지 않을 것 같은 갈등도 있으니 말입니다.

심리학 교수로 평화와 갈등 연구 분야에 기여한 라포포트 박사는 제2차 세계대전과 베트남 전쟁을 겪으면서 전쟁없이 평화롭게 사는 방법에 대해 큰 관심을 가지게 되었습니다. 그는 전 세계의 전쟁사를 연구하면서 전쟁이 발발할 위기가 생겼을 때 우호적으로 해결되는 패턴을 발견했습니다. 이 이론을 존 가트맨 박사가 부부 갈등에 적용하여 '라포포트식 갈등 관리법'을 개발하기도 했습니다.

절대로 해결되지 않을 것 같은 갈등도 해결의 실타래가 있고, 노력 여하에 따라 더 큰 문제로 번지기 전에 잘 봉합할 수 있습니다. 사람들은 각자 자라 온 환경과 경험에서 사고와 가치관이 굳어집니다. 억지를 부리는 것이 아니라면 본인의 행동과 말이 타당하다고 생각하기에 남에게서 잘못을 찾아내고 갈등이 커집니다.

내 휴대폰을 바라볼 때 나는 휴대폰의 화면을 보고, 상대는 내 휴대폰의 뒷면을 보게 됩니다. 나와 상대는 분명 휴대폰이라는 동일한 물건을 보면서 이야기하고 있지만, 서로 다른 면을 보고 있어서 상대방을 이해하기가 어려운 것입니다. 이것을 '영속적 갈등'이라고 합니다.

가트맨 박사에 따르면 아무리 노력해도 해결되지 않는 갈등이 전체의 약 69%라고 합니다. 그래서 갈등은 해결하는 것이 아니라 관리한다는 것이 더 맞는 말일지도 모릅니다. 그래서 리더로서 해결하기 어려운 갈등 상황이라고 판단된다면, 라포포트 방식의 갈등 관리법을 시도해 보세요. 이 단순한 방법이 큰 갈등을 봉합하는 열쇠가 될 수 있습니다.

리더는 부부 치료사나 관계 관리사가 아니기 때문에 업무가 아닌 사람 간의 갈등 관계를 해결하기 어려울 수밖에 없습니다. 이럴 때는 구성원 간 상대방의 상황을 이해할 수 있는 장을 마련해 주는 것이 좋습니다. 갈등을 바라보는 관점에 대한 기본적인 부분을 알려 주었으니 이제 리더로서 조직 내 갈등을 깊이 이해하고 효과적으로 해결하기 위한 방법도 살펴보겠습니다.

리더가 효과적으로 갈등 관리 전략을 세우면 구성원의 불필요한 스트레스를 줄이고 팀워크를 높이며 생산성을 극대화할 수 있습니다. 리

라포포트 방식의 갈등 관리법

상대의 입장을 잘 들어주고, 들은 말을 요약해서 확인하며 납득이 되는 부분을 인정하는 것입니다.

❶ 상대 입장 들어주기

말을 하는 사람은 상대를 비난하거나 책임을 돌리지 않도록 '나'를 주어로 이야기하며 듣는 사람은 말을 끊거나 설명을 요구하지 않고 상대에게 집중하세요.

❷ 들은 말을 요약해서 확인하기

상대의 관점을 비난하거나 반박하며 설명하지 않고 들은 내용을 그대로 요약하고 확인해 주세요.

❸ 납득이 되는 부분 인정하기

전체가 아니라 상대의 입장 중 조금이라도 납득되는 부분은 인정해 주세요.

더의 갈등 관리 역량은 조직의 성과 유지와 긍정적인 분위기 형성에 큰 영향을 미치기 때문에 조직 목표 달성과 긍정적인 조직 문화 형성에 필수입니다.

갈등을 단순히 예방하거나 신속히 해결해야 할 문제로만 보지 말고, 그 근본적인 원인을 깊이 이해하려는 노력이 갈등 관리의 핵심이자 첫 단계인 만큼 조직 내에서 흔히 발생하는 갈등 사례를 살펴보고, 사례별 원인에 따른 해결 방안을 이해하는 것이 중요합니다.

조직 내 갈등의 발생 원인은 매우 다양하지만 크게 몇 가지 주요 요인으로 나눌 수 있습니다.

첫째, 자원 부족과 경쟁으로 인한 갈등입니다.

조직 내에서 가장 흔하게 발생하는 갈등 원인 중 하나는 인적 자원, 시간, 예산 등 제한된 자원을 여러 부서, 팀원과 공유해야 하는 상황에서 서로의 필요와 우선순위가 충돌하면서 발생하는 것입니다. 이러한 상황에서 리더는 갈등을 방관하기보다는 자원의 배분과 관련된 명확한 기준을 세우고 투명하게 소통해야 합니다. 이를 통해 구성원은 자원 배분에 대한 신뢰를 가질 수 있으며 갈등의 가능성을 줄일 수 있습니다.

둘째, 가치관과 업무 방식의 차이에서 오는 갈등입니다.

구성원마다 경험과 가치관이 달라서 일에 대한 생각과 추구하는 방식이 다를 수 있습니다. 특히 새롭게 유입되는 Z세대는 일의 의미와 개인의 성장에 중점을 두기 때문에 기성세대와의 가치관 차이로 인한 갈등이 빈번하게 발생하고 있습니다. 이런 차이는 업무에 대한 기대, 목표 설정 방식, 일하는 동기에 대한 차이로 이어지며 갈등을 유발합니다. Z세대는 자신의 업무가 사회적 가치와 연결되기를 원하고, 일하는 과정에서 개인의 성장을 추구합니다.

반면 기성세대는 조직의 목표 달성과 안정적인 고용을 더 중시하는 경향이 있습니다. 리더는 이러한 차이를 이해하고 구성원 간의 상호 이해와 존중을 바탕으로 협력적인 환경을 조성해야 합니다. 그래서 구성원의 업무 방식을 파악하고 인정하며 더 나은 협업을 가능하게 만드는 노력이 필요합니다.

셋째, 목표의 불일치로 인한 갈등입니다.

부서 간 목표가 상충하거나 리더와 구성원 간 목표가 일치하지 않으면 갈등이 발생합니다. 부서 간 목표의 상충은 각 부서가 다른 우선순위를 가지고 있거나 부서 이기주의 현상(사일로 현상)으로 각자의 이익을 우선시할 때 나타납니다. 이런 상황에서는 부서 간 목표를 조율하고 협력하는 것이 필수적입니다.

리더는 공동의 목표 달성을 위해 부서 간 협력을 끌어내고, 팀원들에게 적극적인 관심과 지지를 제공하여 신뢰를 쌓아야 합니다. 특히 사일로 현상은 리더의 명확한 인식과 해소를 위한 적극적인 노력 그리고 지속적인 관리가 요구됩니다. 그래서 리더는 단기적인 해결책에만 의존하지 않고 장기적인 관점에서 조직 문화를 개선하며 근본적인 변화를 추구해야 합니다.

다음은 리더가 사일로 현상의 해소를 위해 실천할 수 있는 주요 행동들입니다. 다음의 행동들을 한번 살펴보고, 실천할 수 있는 부분부터 시작해 보세요. 작은 실천이 갈등 해결의 나비효과를 만들어 낼 수 있습니다.

부서 간 목표 조율과 사일로 해소를 위한 리더의 극복 전략

❶ **통합된 목표 수립 및 성과 지표 통합** : 부서 간 협력이 필요한 공동의 목표를 설정하고 의존적인 성과 지표(KPI)를 설정하여 협업 없이는 목표 달성이 어렵게 만듭니다.

❷ **정기적인 크로스-펑셔널 미팅(Cross Functional Meeting)** : 부서 간 정기적인 회의를 열어 서로의 목표와 진행 상황을 공유하고 협업 방안을 모색합니다.

❸ **정보 공유 플랫폼 도입** : 데이터를 공유할 수 있는 디지털 도구(예 협업 소프트웨어)를 도입하여 사일로 현상을 방지합니다.

❹ **팀워크 보상 체계 구축** : 부서 간 협업의 성과를 인정하고 보상하는 제도를 마련합니다.

❺ **소통의 장 마련** : 워크숍, 팀 빌딩 이벤트 등으로 부서 간 긍정적인 관계를 형성합니다.

❻ **크로스-펑셔널 팀(Cross Functional Team)** : 다양한 부서의 구성원이 함께 일할 수 있는 태스크 포스나 프로젝트 팀을 구성합니다.

❼ **리더십 허브 구축** : 각 부서 리더 간 소통과 협력의 중심 역할을 할 허브를 만들고 전략을 조정합니다.

더불어 조직이 혁신과 안정이라는 상반된 목표를 동시에 추구하는 과정에서 구성원 간에 발생하는 갈등은 리더가 적절히 활용하여 효과적으로 관리하고 해결할 수 있습니다. 조절초점이론은 심리학자 토리 히긴스가 제안한 이론으로, 사람이 목표를 추구할 때의 두 가지 초점 즉 프로모션 초점Promotion Focus과 프리벤션 초점Prevention Focus을 말합니다.

프로모션 초점은 기회, 성취, 혁신을 중시하며 희망과 성장을 목표로 하는 사고방식으로, 이 초점이 강한 사람은 새로운 아이디어를 시도하고 위험을 감수하며 목표를 달성하기 위해 적극적으로 행동합니다. 반면 프리벤션 초점은 안정, 책임, 실수를 피하는 데 중점을 두며 신뢰와 안전을 유지하려는 사고방식과 태도로, 이 초점이 강한 사람은 보수적인 접근법을 선호하며 실수를 최소화하기 위해 신중히 행동합니다.

두 초점은 상반된 성격을 가질 수 있지만, 리더는 조절초점이론을 활용해 이들 사이의 균형을 맞출 수 있습니다. 프로모션 초점은 조직의 혁신과 성장을 촉진하는 데 필수적이고, 프리벤션 초점은 안정성과 지속 가능성을 보장하는 핵심 요소이기 때문입니다. 리더는 이 두 초점을 조화롭게 결합하여 조직 내 갈등을 완화하고, 혁신과 안정이라는 상반된 목표를 통합적으로 달성할 수 있습니다.

　　리더가 조절초점이론을 활용해 조직 내 갈등에 대처하는 상황을 살펴보겠습니다.

　　최근 플랫폼 사업본부에서 신제품 출시 프로젝트를 진행하는 과정에서 구성원 간의 의견 충돌이 발생했습니다. 일부 구성원은 '혁신적이고 대담한 접근이 필요하다'며 기존 전략을 과감히 버리고 새로운 방식을 시도하자고 주장했습니다. 반면 다른 구성원은 '이번 프로젝트에서는 회사의 신뢰도를 유지하는 것이 가장 중요하다'며 검증된 방법론을 따를 것을 요구했습니다. 프로젝트 리더였던 본부장은 고민 끝에 두 의견을 모두 수용할 수 있는 전략을 세웠습니다. 그는 구성원들에게 이렇게 말했습니다.

　　"우리는 이번 프로젝트를 통해 시장에서 새로운 기회를 창출해야 하지만, 기존 고객의 신뢰를 잃지 않는 것도 중요합니다. 두 가지 목표를 함께 고려해 진행해 봅시다."

　　본부장은 두 의견을 조화롭게 반영하기 위해 팀을 나누어 각 초점의 강점을 살릴 수 있는 방식을 채택했습니다. 혁신적인 아이디어를 발굴하려는 팀은 새로운 접근 방식을 탐구하고 실험하며 시장에서 차별화된 성과를 추구하도록 했습니다. 한편 신뢰와 안정성을 중시하는 팀은 기존 방식과 검증된 절차를 기반으로 프로젝트의 안정성을 확보하고, 새로운 시도가 가져올 잠재적 위험을 평가하는 역할을 맡았습니다.

이처럼 리더가 조절초점이론을 활용해 구성원의 다양한 관점과 의견을 균형 있게 조율하며, 조직 내 갈등을 관리하고 혁신과 안정이라는 두 가지 목표를 동시에 달성할 수 있습니다. 이러한 접근은 갈등을 협력적인 방향으로 전환하며 구성원 간의 신뢰와 협력을 강화하는데 기여할 수 있습니다. 결과적으로 리더는 조직이 단기적인 과제를 성공적으로 수행하고 동시에 지속 가능한 성장을 이루도록 돕는 중요한 역할을 수행하여 조직의 성과를 극대화할 수 있는 환경을 조성할 수도 있습니다.

넷째, 의사 소통 문제로 인한 갈등입니다.

리더가 명확하지 않은 지시를 내리거나 설명이 부족하면 팀원들은 혼란을 겪고 갈등이 발생할 수 있습니다. 또한 일방적인 지시나 구성원의 의견 무시는 스트레스와 좌절감을 유발해 업무 동기와 효율성을 저하시킵니다. 구성원 간 의사 소통의 문제도 갈등을 유발할 수 있는데, 특히 의사 소통이 일관되지 않거나 잘못된 정보가 전달되면 협업에 문제가 생기고 갈등으로 번지게 됩니다. 이러한 갈등이 지속되면 구성원 간 신뢰가 무너지고, 실수를 두려워하며 침묵을 선택할 수밖에 없는 상황에 부닥치게 됩니다. 또한 리더가 의사 소통에서 말과 행동의 일관성을 잃는다면 앞에서 언급한 '신뢰의 저축'이 아니라 오히려 팀 전체의 '신뢰 출금 현상'이 발생할 수 있습니다.

따라서 리더는 정기적인 팀 회의나 1:1 면담을 통해 소통의 기회를 적극적으로 늘리고, 신뢰를 저축할 수 있는 시간을 확보해야 합니다. 또한 슬랙Slack이나 트렐로Trello와 같은 최신 IT 협업 도구를 활용하여 정보 흐름을 일관되게 유지하고 지시 사항을 문서화하거나 시각 자료를 사용하여 팀원이 내용을 명확하고 쉽게 이해할 수 있도록 지원해야 합니다.

다섯째, 역할과 책임 그리고 권한의 불명확함에서 오는 갈등입니다.

업무의 역할과 책임이 명확하지 않거나 권한의 범위가 불분명할 때 역시 갈등이 발생합니다. 동일한 업무를 두 사람이 맡았을 때 누가 최종 책임을 질 것인지 명확하지 않으면 서로 책임을 미루게 되어 업무에 차질이 생길 수 있습니다. 또한 권한의 범위가 불분명하면 구성원은 어느 정도까지 결정을 내릴 수 있는지 확신하지 못하게 되어 결정 지연과 갈등을 유발할 수 있습니다.

이와 같은 문제를 반영하듯 요즘 팀장들 사이에서는 '3요? 주의보'가 화제가 되고 있습니다. '3요'란 '이걸요?', '제가요?', '왜요?'라는 세 가지 질문을 의미하며, 리더가 팀원에게 업무를 지시할 때 자주 듣게 되는 질문입니다. 일부 대기업은 업무 지시에 대한 합당한 설명을 요구하는 MZ의 '3요' 질문에 대응하기 위한 임원 대응 교육도 진행한다고 합니다. 이러한 질문들은 리더로서 적잖이 당황스러운 상황을 만들어 낼 수 있지만, 이러한 질문들이 등장한 근본적인 이유는 역할과 책임이 명확하지 않기 때문입니다.

구성원은 자신에게 부여된 업무가 무엇인지 명확히 이해하지 못하거나 자기 일이 아니라고 생각되는 업무를 배정받았을 때 의문을 품게 됩니다. 또한 업무를 성공적으로 수행해도 제대로 평가받지 못하는 상황을 경험하면 평가와 보상의 공정성에 대한 의구심이 생기게 됩니다. 따라서 리더는 구성원 각자의 역할, 책임 그리고 권한의 범위를 명확히 정의하고 이를 구성원에게 공유하면서 불필요한 갈등을 예방하고 관리해야 합니다. 또한 공정하고 객관적인 평가 기준을 마련하여 구성원에게 공유하고 신뢰를 형성해야 합니다.

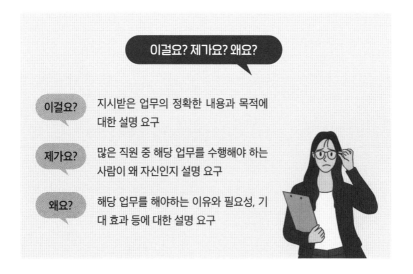

이걸요? 제가요? 왜요?

이걸요? 지시받은 업무의 정확한 내용과 목적에 대한 설명 요구

제가요? 많은 직원 중 해당 업무를 수행해야 하는 사람이 왜 자신인지 설명 요구

왜요? 해당 업무를 해야하는 이유와 필요성, 기대 효과 등에 대한 설명 요구

갈등의 중심에서
세대를 외치다

조직 내에서 빈번하게 발생하는 갈등 원인을 다섯 가지 유형으로 나누어 살펴보았습니다. 그 과정에서 특히 주목할 점은 기성세대와 MZ세대(Z세대 포함) 간의 특성 차이가 조직 내 새로운 갈등의 축으로 드러나고 있다는 사실입니다. 두 세대는 각기 다른 문화적, 사회적 배경에서 성장하며 형성된 가치관과 태도가 달라서 조직과 일에 대한 관점, 소통 방식, 업무 수행 방식에서 뚜렷한 차이를 보입니다. MZ세대는 자율성, 빠른 소통, 공정성을 중시하는 반면 기성세대는 경험과 절차, 위계 중심적 소통, 조직 충성도를 강조합니다. 이러한 차이는 세대 간 갈등의 주요 원인으로 작용하며 조직 내 새로운 갈등의 축으로 떠오르고 있습니다.

세대 간의 차이는 기존의 갈등 유형과는 다른 차원에서 새로운 갈등의 축으로 자리 잡고 있으며, 조직 내에서 갈등을 심화시키는 요인이 되고 있습니다. 따라서 세대 간 특성을 이해하고 이를 기반으로 갈등을 조율하는 것은 조직의 안정과 세대 간 협력을 촉진하기 위한 핵심 과제라고 할 수 있습니다.

그럼 이제 세대 간 갈등의 주요 원인과 이를 효과적으로 해결하기 위한 대처 방안을 구체적으로 살펴보며, 조직 내 조화를 이루기 위한 실질적인 접근법을 모색해 보겠습니다.

1) 세대 갈등의 원인 : 달라달라! 우린 달라도 너무 달라! 신인류의 등장?!

386세대, 88만 원 세대, N포세대… 모두 '세대'를 지칭하는 신조어들입니다.

> "아유~ 요즘 젊은 세대는 우리 세대랑 달라."
> "이전 세대는 그랬을지 몰라도 저희는 다르거든요!"

제각각 다른 세대는 서로에게 볼멘소리를 내기도 합니다. '세대'는 어떤 특성을 공유한다고 추정되는 또래의 사람들을 가리킬 때 일상적으로 흔히 사용되는 용어로, 비슷한 시기에 출생하여 역사적, 문화적 경험을 공유하고 행동양식이나 사고방식이 유사한 사람들을 말합니다.

특히 이 세대Generation라는 표현은 상대성의 함의가 있는데, '다른 세대가 어떻다'는 말은 본인 세대와의 비교를 전제로 하기 때문입니다. '요즘 젊은 세대는 우리 세대와 달리 어떻다더라'라는 표현은 본인이 속한 어느 집단에 비해 나머지 집단은 다르다는 점을 표현하기 위해 사용되는 것처럼 말이죠.

고대의 이집트인들은 젊은이들이 버릇없고 연장자의 오랜 경험과 지혜를 존중하지 않음을 못마땅하게 여겼고, 소크라테스는 '요즘 아이들은 폭군과도 같다. 부모에게 대들고, 게걸스럽게 먹고, 스승을 괴롭힌다'며 젊은이들의 나약함과 버릇없음을 한탄하기도 했습니다. 이처럼 세대에 대한 이야기는 어제, 오늘의 이야기가 아닌 아주 오래전부터 존재해 왔던 것처럼 보입니다.

> "수입 오렌지처럼 나긋나긋하고 향기로우며 품위 있다는 뜻이에요."

1990년대 압구정동에서 고급 자동차를 몰며 호화스러운 소비 생활을 즐기는 '오렌지족'들은 자신들을 이렇게 설명했습니다. 1990년부터 기성세대에 충격을 주며 등장한 '신세대'라는 문화 코드는 '오렌지족', '야타족', 'X세대' 등의 신조어를 만들어 내며 각종 신문과 TV 등 각종 매체에 등장하기 시작했습니다. 이 시절에는 주로 과소비, 향락 문화에 젖은 철부지 젊은이인 '신세대'를 비판하는 경향이 짙었으며, 경제적 풍요로움과 함께 소비 사회가 도래하면서 세대 현상에 관심을 끌게 하여 세대 간의 갈등을 이슈화 시킨 계기가 되었습니다.

또한 최근에는 《90년생이 온다(임홍택 지음, 11%, 2024)》라는 도서부터 시작해 MZ세대의 특성을 논하며 국내 조직 내에서의 세대 차이와 그로 인한 갈등이 꾸준히 화두에 오르고 있습니다. 기업이나 국가, 지방자치단체를 비롯한 다양한 조직에서 예민하게 반응하며 세대 차이와 세대 갈등을 경영의 핵심 과제로 삼고 조직 내 갈등을 해결해 나가기 위한 프로젝트를 기획하고 수행하고 있습니다.

최근 기업 내에서는 MZ세대의 빠른 유입과 기성세대의 정년 연장으로 인해 여러 세대가 동시에 경제 활동을 이어가는 다세대 공존 시대가 펼쳐지고 있습니다. 특히 조직에 새롭게 유입된 MZ세대는 삶에 대한 가치관과 조직에 대한 태도에서 기성세대와 뚜렷한 차이를 나타내며, 세대 간의 차이는 조직 내 갈등의 원인으로 자리 잡고 있습니다.

세대 간 갈등은 단순히 개인적 문제를 넘어 조직 구조와 문화 전반에 영향을 미치고 있는 만큼 조직은 세대 간 갈등을 단순히 관리의 문제로 취급하기보다는 유연하게 대응하고 조정하며, 세대 간 시너지를 창출하는 방안을 적극적으로 모색할 필요가 있습니다.

조직은 치열한 경쟁에서 살아남아야 합니다. 그런데 내부적으로 구성원 간 심각하게 갈등을 겪고 있다면 조직의 생존 자체를 위협하는 심각한 문제로 작용할 수 있기에 생각만 해도 아찔합니다. 기성세대와 젊은 세대의 '함께 살아가기'는 단순한 문제가 아닌 조직의 성과와 지속 가능성에 직접적으로 영향을 미치는 핵심 과제입니다.

❶ 같은 공간 다른 생각, 숨 막히는 공존

한국전쟁 이후 우리 사회의 성장 동력 역할을 해 온 기성세대는 최근 의료기술의 발달로 100세 시대를 맞이하였습니다. 그들은 정년 연장으로 60세 중반까지 회사에서 일을 할 수 있고, 정년으로 퇴직한 후 제2의 인생의 막을 열기도 합니다. 그러나 정년퇴직 후에는 노후가 보장되지 않기에 정년을 꽉꽉 채우는 자기 생업에 충실한 기성세대를 젊은 세대는 탐욕스러운 포식자처럼 느끼기도 하고 직장에서 빨리 사라져야 할 세대라며 눈을 흘기기도 합니다. 가족을 부양하기 위해, 먹고 살려고, 사회적 역할과 퇴직 후의 인생이 막막하기에 일자리를 놓지 못하고 있는 것일 수도 있는데 말입니다.

젊은 세대는 또 어떨까요? 그들은 삶에 대한 가치관과 행동 방식, 직업관이 그 이전 세대와 다릅니다. 부모의 세밀한 케어와 경제적 후원 아래 성장한 젊은 세대는 다양한 경험으로 전문성을 기를 수 있기를 희망합니다. 또한 조직에서 비중 있는 업무를 맡고 싶어 하는 경향이 있어 자신이 일하는 조건을 적극적으로 요구하며 일을 통한 혜택을 확실하게 얻으려 하기도 합니다. 또한 조직에 대한 충성도가 있더라도 자신을 인정해 주지 않거나 현재보다 더 나은 기회와 보상이 보장된다면 언제든 조직을 옮기기도 하는 모습을 보입니다. 이들에게 직장이나 직업은 인생의 최종 목적이 아닌 수단이나 과정일 뿐이죠. 거쳐 가는 정거장이나 다름없습니다. 조직과 가정에 대한 헌신보다 개인의 행복이 중요한 세대입니다.

❷ 세대 갈등 모르면 독

시간이 지남에 따라 '세대 갈등'에 대한 의식은 변화해 왔습니다. 예전에는 기성세대가 젊은 세대를 향해 버릇이 없다거나 이해하지 못하겠다는 비판적인 시각에 젊은 세대는 못마땅하더라도 뒤에서만 눈을 흘겼을 것입니다. 그러나 지금은 상황이 다릅니다. 그들은 기성세대를 노골적으로 '꼰대'라 칭하며 공격하기도 합니다. 젊은 세대에게 기성세대는 권위적이고 자기가 옳다며 잔소리하고 나이로 억누르며 과거에만 머무른 '꼰대들'이기에 빨리 사라져야 할 불편한 세대가 되어 버렸습니다.

> "어휴~ 요즘은 신입사원들이랑 무슨 말을 해야 할지 모르겠어. 일하다 보면 질책할 수도 있고 세밀하게 지시를 할 수 있는 건데도 말이야. 나를 보고 꼰대래. 꼰대! 나 참 어이가 없어서⋯. 상사 노릇 정말 힘드네."

요즘 기성세대는 바로 '내가 꼰대인가?'라며 스스로 질문하게 하는 '꼰대 프레임'에 빠지고 있습니다.

그렇다면 젊은 세대는 어떨까요? 회사에 다양한 생각을 자유롭게 이야기했을 뿐인데, 회사에서는 질서와 권위에 대한 도전으로 받아들여지는 것이 속상합니다. 기성세대에 비해 정신력이 약하고 끈기가 부족하다며 볼멘소리를 듣는가 하면, 공동체 의식이 부족하고 겸손하지 못하다는 등의 질책을 받기도 합니다. 세대 간의 차이와 갈등은 좀처럼 좁혀지지 않는 '평행선 위에서 벌어지는 전쟁'과 같습니다.

영국의 소설가 조지 오웰은 '모든 세대는 자기 세대가 앞선 세대보다 더 많이 알고 다음 세대보다 더 현명하다고 믿는다'고 말하며 세대 갈등의 원인을 언급하였습니다. 하루 1/3 이상의 시간을 상사나 부하, 동료와 함께 직장 내에서 시간을 보내는 여러 세대의 직장인들은 세대 간의 이해와 존중보다 서로에 대한 선입견으로 인해 다른 세대를 무시하거나 비아냥거리기 일쑤입니다.

> "우리 팀장님은 내가 주말에 뭘 했는지 왜 궁금해 하시는 거야?"
> "요즘 젊은 직원들에게 뭘 물어보질 못해. 휴가를 결재해 달라기에 무슨 일 있냐고 물었더니 인상을 찌푸려."

날이 갈수록 치열해지는 경쟁과 목표 속에서 삶의 터전 보존을 위해서라도 사활을 걸고 질주해야 하지만, 조직 내부 구성원의 이러한 갈등은 지속되고 있습니다.

이는 곧 개인과 조직의 에너지 낭비일 뿐입니다. 밖을 향해 치열한 전투를 벌여야만 조직의 생존이 가능한 상황 속에서 일일이 세대 간의 갈등에 신경 쓸 여력이 생각보다 없거니와 조직이 반드시 젊고 새로운 세대에 맞춰야만 하는 것은 아닙니다.

조직이 젊은 세대가 마음껏 활약할 수 있는 환경을 조성하여 그들의 강점을 극대화한다고 하더라도 그것이 곧바로 조직의 강점으로 이어지지는 않습니다. 조직의 강점은 세대 간 조화와 협력 그리고 모든 구성원의 역량을 통합적으로 활용할 때 비로소 강화될 수 있습니다. 따라서 조직은 특정 세대만을 위한 환경을 만들기보다 세대 간 강점을 융합하고 상호 보완할 수 있는 전략을 마련해야 합니다.

❸ MZ세대 팀장이 온다! '제가요? 팀장을 하라고요? 왜요?'

최근 성과만 입증되면 나이나 연차와 상관없이 젊은 팀장 또는 임원으로 과감하게 발탁하는 기업 분위기가 생겨나고 있습니다. 최근 국내 대기업에서는 MZ인 3세 경영에 대한 기사가 심심치 않게 보도되며, 연이어 임원 조직 내 세대교체가 이루어지고 있습니다. 기업이 급변하는 트렌드를 빠르게 읽고 신속한 의사 결정을 하는 것에 있어 MZ세대가 미래를 대비하는 핵심적 역할을 해 줄 것이라는 기대를 의미합니다. 자신이 일하는 조건과 일을 통해 얻을 수 있는 혜택을 거침없이 요구했던 MZ세대가 정작 리더가 되고 나니 마음이 급해졌습니다.

MZ세대는 리더가 되니 조직에서 막대한 임무를 부여받은 것만 같습니다. 조직의 기대만큼 성과를 내야 한다는 생각이 들기도 합니다. 그러나 삼촌뻘 최고참 구성원부터 '일과 삶의 균형'을 중요시하며 적극적으로 움직여 주지 않는 또래 MZ 구성원까지 생각처럼 잘 따라와 주지 않아 속을 끓이기도 합니다. 특히 삼촌뻘 구성원에게는 아무 일도 시키지 못할 것 같고 관계는 점점 어려워집니다. 처음엔 '난 젊으니까 패기로 부딪혀 보자! 잘할 수 있겠지!'라고 생각했지만, 연장자에게 의지하며 일을 하다가 내가 리더가 되니 모든 것이 어렵기만 합니다. 혼자 일하고 성과를 내는 것에 익숙했는데 리더로서는 인정을 못 받을까 봐 불안하기까지 합니다.

특히 구성원의 역할을 정해 주고 지시하며 역할을 잘 수행해 내는지 판단하고 서포트를 해 주는 것은 더 어렵습니다. 그 과정에서 팀 구성원의 눈치를 살피고 동시에 상사의 기대를 충족시켜야 하는 상황까지, 성과 관리에 대한 압박을 받는 MZ세대 리더는 모든 것이 쉽지 않은 과제처럼 느껴집니다.

앞에서 언급했던 '의도적 언보싱'이라는 용어는 글로벌 인재 채용 컨설팅사인 로버트 월터스에서 2024년 영국의 Z세대를 대상으로 한 조사 결과를 발표하면서 처음 사용하게 되었습니다. 조사 결과에 따르면 영국 Z세대의 52%가 관리자가 되는 것을 원하지 않았으며, 그중 16%는 강력히 피하겠다는 의지를 표현했다고 합니다. 관리자를 꺼리는 이유로는 69%가 스트레스가 너무 높은 반면, 보상은 그에 미치지 못한다는 답을 했다고 합니다. '90년대 생이 온다'더니 이제 정말 90년대 생이 한 팀을 이끄는 시대가 왔습니다.

> "너도 몇 년만 지나 봐. 몇 년 후면 너도 꼰대가 안 될 것 같냐!"

기성세대가 젊은 세대를 향해 반격의 말로 자주 하는 말입니다. 이 말은 세대 간의 갈등과 변화를 함축적으로 보여 주는 대목이기도 합니다. 이후 세대로부터 꼰대라며 무시나 놀림당하지 않으려면 지금부터 자신을 잘 다듬고 준비해 더 나은 리더가 되기 위한 역량과 태도를 갖추기 바랍니다. 결국 언젠가는 스스로 '라떼는 말이야'를 외치는 자신과 마주하게 될 날이 올 테니 말입니다.

각 조직에서는 세대 갈등이 현실적인 과제로 대두되면서 세대 간 행복한 동행을 위해 교육이나 워크숍을 하기도 합니다. 또한 세대교체 중인 기업에서는 MZ 리더를 육성하기 위한 여러 프로그램을 운영하고 있습니다. 그래서 세대에 따라 구성원이 서로 다를 수 있음을 인정하고 또 같은 점을 찾기도 합니다. 상대의 입장이 나와 다름을 인정하고 수용하며 공통점을 찾아내어 서로를 존중하고 윈-윈 할 수 있는 방향으로 전진하는 것이, 빠르게 변화하는 현실에서 조직이 살아남을 수 있는 방법이라고 생각합니다.

앞으로 조직에서는 다른 세대의 목소리를 들으려 하는 노력이 더욱 더 필요해질 것입니다. 각 세대가 한 걸음씩, 서로를 존중하고 바라보는 건강한 조직을 만드는 것이 조직 내 세대 전쟁을 끝내고 치열해지는 경쟁에서 조직이 살아남을 수 있는 핵심 열쇠가 될 것입니다.

2) 세대 간의 평화를 찾는 다름을 인정하고 소통하기

사회 구성의 가장 기초 단위인 '가족'은 기성세대 부모 아래서 자란 젊은 세대 자녀들, 서로 다른 환경에서 자란 남성과 여성 그리고 그들이 낳은 아이로 가정을 구성하여 살아가고 있습니다. 서로 사랑하는 가족끼리도 '성격 차이'로 인한 갈등은 수시로 발생하고 다투며 심지어는 헤어지기도 하는데 조직도 마찬가지입니다. 태어난 시기, 자라 온 환경도 제각각에 서로 다른 가치관을 가진 세대들이 조직에서 목표를 수행하기에 업무 방식, 커뮤니케이션 스타일, 기술의 차이 등으로 불통과 갈등이 일어날 수밖에 없습니다. 세대 간의 불통은 곧 조직의 불이익을 초래할 뿐입니다.

윈-윈 하기 위해서는 조직 내의 기성세대와 젊은 세대가 함께 소통해야만 합니다. 서로 다른 스타일과 성격의 사람들이 각자 '내가 맞아, 너는 틀렸어'라고 한다면 결국 갈등이 생깁니다. 이런 차이를 해결하기 위한 첫걸음은 바로 '다름을 인정'하는 것입니다. 다름을 인정하는 것이란 바로 '존중'과 같습니다. '네가 틀렸네, 내가 맞네' 하는 것이 아니라 서로 다른 세대의 특성과 다양성을 공감하고 인정하는 것입니다. 뻔하지만 의외로 존중이 이루어지는 조직을 찾기가 쉽지 않습니다.

시대의 변화, 세대 간의 경험과 가치관의 차이, 엄청난 기술의 발전 등으로 각 세대 간의 갈등은 불가피해졌습니다. 여기서 중요한 것은 '세대 간의 갈등을 어떻게 풀어 나갈 것인가'로, 고정관념과 편견을 가지고 편을 가르기보다는 세대가 다른 개인의 차이로 인식하고 다름을 인정하는 것입니다.

조직의 리더와 구성원에게는 서로 열린 마음으로 부족한 점을 인정하는 것이 필요합니다. 많은 사람이 알고 있지만 놓치는 부분이기도 합니다. 갈등을 극복하기 위해 열린 마음으로 갈등 상황을 바라보며 자신의 부족한 점을 인정하고 상대의 장점에 집중하려는 진정성이 있어야 합니다.

상대방이 업무를 공유할 때 말을 끊지 않고 끝까지 들어주는 행동, 업무에 대한 칭찬을 아낌없이 표현하는 행동, 상대방이 다를 수 있음을 수용하는 행동 등 단순한 형태로도 존중은 이루어질 수 있습니다. 서로 다른 세대의 다양성을 이해하고 존중을 기반으로 업무가 이루어지는 조직은, 모든 세대 구성원이 잘 소통하며 건강한 조직 문화를 가질 수 있을 것입니다.

3) 존중 없는 '소통'은 '쇼통'에 불과하다

조직 안에는 삶의 가치관과 행동 방식, 직업관이 다른 세대들이 공존하고 있지만, 세대와 세대 사이가 무 자르듯이 명확하게 구분 되는 것은 아닙니다. 같은 세상에서 동시대를, 같은 사회 안에서 같은 생활 방식으로 함께 어울리며 살아가게 됩니다. 다른 가치관을 가진 세대들이 공존하고 있으나 공생하기 위해서는 세대 간의 차이와 다름을 이해하며 또한 상호 존중의 자세가 필요한 것이죠.

존중하고 배려하는 의사 소통은 조직에서 꼭 필요한 업무 방식입니다. 존중이란 높여 귀중하게 대한다는 뜻이며, 존중하는 소통이란 상대방의 인격이나 생각 또는 행동을 인정하고 높이는 것입니다.

존중하는 소통을 하려면 몇 가지의 마음가짐이 필요합니다.

첫째, 리더로서 우월적 지위를 잊는 것입니다.

특히 우월감은 내가 상대보다 낫다고 여기는 생각으로 상대방과 대화할 때 습관적으로 나타나기 쉽습니다. 특히 서열 문화가 강한 조직 내에서 기성세대가 젊은 세대를 대할 때 또는 직급이 높은 사람이 낮은 사람을 대할 때 가지기 쉽습니다. 심리적으로 상대방이 나보다 열등하다는 전제가 깔려 있기 때문에 가능한 것입니다. 나이가 많다고 대뜸 반말, 훈계, 잔소리, 고나리질('관리'라는 단어를 빨리 입력하다 생긴 오타에 접미사 '질'이 붙어 만들어진 표현으로 이것저것 간섭하거나 가르치려 들고, 때로는 이유 없이 비평하는 행위를 나타내는 의미로 젊은 세대 사이에서 사용되고 있다) 하는 상황이 되면 진정한 소통이 불가능한 갑을 관계가 되어 버리며 불만과 불평이 팽배해져 버리겠죠.

젊은 세대도 마찬가지입니다. 조직에는 계속해서 새로운 젊은 세대가 유입될 것이기에 머지않아 그들도 기성세대가 될 것입니다. 지금의 기성세대도 젊었을 때는 젊은 세대와 같은 생각을 했을 것이며, 참신한 아이디어로 용기 있는 시도를 하는 패기 있는 젊은이였을지도 모릅니다. 그러니 기성세대를 흉보면서 눈 흘기기보다는 자신을 뒤돌아보고 좀 더 미래지향적인 일에 집중하는 것이 현명합니다.

둘째, 시대의 흐름과 변화를 인정하는 것입니다.

> "라떼는 말이야…"
> "내가 왕년에 말이야…"

이제는 이런 대화 패턴은 통하기 힘듭니다. 상황이 변했습니다. 예전에는 한 세대의 기준을 30년으로 바라보았지만, 요즘은 네댓 살만 차이가 나도 세대 차이가 느껴진다고 말하기도 합니다. 빠른 변화 속에 눈 깜짝할 사이에 3~4년은 금방 지나 버리니 여전히 젊은 세대라는 생각은 더 이상 하지 않는 것이 좋습니다.

또한 상대방을 인격적으로 인정하는 성숙한 모습을 갖춰야 할 것입니다. 상대방을 인정하지 않는 상태에서는 어떤 소통 방법도 무용지물이 됩니다. 자신과 취향이나 생각이 다르다고 해서 무시하거나 이상하게 볼 것이 아니라 상대방의 장점이 무엇인지 찾아보세요. 상대방을 진정으로 존중한다면 단점보다는 장점이 많이 보일 것이며 아무리 보아도 단점만 자꾸 보인다면, 그것은 상대를 존중하는 것이 아닌 무시하거나 비하하고 있다는 증거가 될 것입니다.

셋째, 인정하고 감사하는 것입니다.

젊은 세대는 그동안 사회를 성장시키고 일궈 온 기성세대에 인정을, 또한 기성세대는 젊은 세대의 새로운 시각과 의견을 경청하고 인정하는 상호 존중이 필요합니다. 기성세대는 젊은 세대에게 그간의 경험을 바탕으로 조언자 역할을 하며 또한 젊은 세대를 지극 정성으로 육성하고 지원해야 합니다. 또한 젊은 세대는 기성세대의 지도와 커리어 개발을 훈계, 꼰대, 갑질, 고나리질, 잔소리가 아닌 보살핌과 감사함으로 받아들이는 자세가 필요합니다.

상대방에 대한 인정은 마음의 여유에서 나올 수 있는데, '이유는 묻지 말고 그냥 시키는 대로 해', '내일까지 꼭 하도록 해', '그건 하지마' 등의 부정적인 억압과 강요를 받아 온 사람은 마음의 여유를 갖기 어렵습니다. 존중은 한 방향이 아닌 쌍방향, 수직이 아닌 수평 구조에서 이루어집니다. 억압, 강요가 아닌 인정, 감사를 통해 상호 간의 신뢰가 쌓여 시너지를 발휘하면서 조직 구성원의 업무 기여도가 향상될 수 있을 것입니다.

리더를 위한 질문

- 팀에서 구성원 간 갈등이 발생한 적이 있었나요? 그 원인은 무엇이었으며 리더로서 어떤 조치를 취했나요?

- 조직 내에서 가장 자주 접하는 갈등 유형은 무엇이며 해결하기 위해 어떤 방법을 활용하고 있나요?

- 갈등 상황을 해결하기 위해 효과적인 커뮤니케이션 스킬은 무엇이라고 생각하나요?

- 세대 간 갈등을 줄이고 공동의 목표를 달성하기 위해 협력을 이끌어 내려면 리더로서 어떤 역할을 해야 한다고 생각하나요?

- 구성원이 갈등을 건설적인 방식으로 해결할 수 있도록 적절한 교육과 도구를 제공하고 있나요?

- 갈등 해결 과정에서 구성원들이 상호 신뢰를 쌓고 협력할 수 있는 기회를 마련하고 있나요?

- 갈등의 근본 원인을 파악하고 해결하기 위한 구조적 또는 문화적 개선을 시도하고 있나요?

갈등 진단

진단이 곧
해결의 첫걸음

요즘 리더의 갈등 관리 가이드
: 유형별 접근법

"피할 수 없다면 즐겨라."

미국의 심장 전문의사 로버트 엘리엇의 명언으로, 통제할 수 없는 상황에 직면했을 때 이를 피할 수 없다면 오히려 긍정적인 마음으로 받아들이고 즐기는 태도를 보여야 한다는 뜻으로 해석됩니다. 엘리엇 교수는 긍정적인 삶의 태도가 스트레스를 줄이고 적극적으로 살아갈 수 있게끔 이끈다는 점을 강조한 것이죠.

앞서 언급했듯이 갈등은 단순히 개인적인 문제가 아니라 공동체의 일원으로 살아가면 필연적으로 겪게 되는 삶의 일부입니다. 갈등이 전혀 없는 세상은 이상적이지만 비현실적인 유토피아에 불과하며, 현실 속에서 갈등을 완벽히 제거하는 것은 불가능합니다. 결국 갈등은 인간 사회와 조직 내에서 언제나 존재해 왔고 앞으로도 함께할 수밖에 없는 불가피한 요소입니다.

그렇다면 삶의 일부로 언제 어디서든 발생할 수 있는 갈등을 어떻게 받아들여야 할까요? 정말 갈등을 피하기 어렵다면 즐기는 태도를 보일 수 있을까요? 갈등이라는 존재가 고통이나 스트레스의 원인일 수도 있지만 동시에 소통의 시작점이자 변화와 혁신을 끌어내는 기회가 될 수도 있습니다. 결국 갈등을 대하는 태도와 접근 방식이 그 결과를 결정짓는 열쇠가 되는 것이죠.

갈등 관리는 조직이나 개인의 관계에서 발생하는 갈등을 단순히 억누르거나 회피하는 것이 아니라 갈등을 적절히 다루고 조정하여 긍정적인 방향으로 해결하거나 최소한 부정적인 영향을 줄이는 과정입니다. 다시 말해 갈등 관리란 갈등의 결과가 고통과 스트레스로 이어질지 아니면 변화와 혁신의 기회로 전환될지를 결정짓는 핵심적인 열쇠입니다.

> **"**
> ### 당신이 가지고 있는 열쇠는 무엇인가요?
> **"**

개인의 성격, 가치관, 경험에 따라 갈등을 대하는 태도와 접근 방식이 달라집니다. 즉 개인마다 갈등을 해결하는 열쇠가 다르다는 뜻입니다. 리더 역시 조직의 문화, 목표 그리고 추구하는 리더십 스타일에 따라 갈등을 다루는 방식이 달라질 수 있습니다.

리더가 조직의 상황과 구성원의 특성을 세심히 고려하여 적절한 방식으로 갈등을 관리한다면 갈등은 단순한 문제를 넘어 팀 내 신뢰를 강화하고, 창의적이며 혁신적인 아이디어를 도출하여 팀워크를 증진하는 중요한 요소로 작용할 수 있습니다.

반면 갈등을 제대로 관리하지 못한다면 팀 내 불화와 긴장이 증폭되고, 생산성 저하, 구성원 간 신뢰 상실 그리고 조직 전체의 사기 저하로 이어질 위험이 있습니다. 따라서 리더는 갈등을 방치하고 회피하는 태도를 지양하며 단순히 문제를 해결하는 데 그치지 않고, 갈등을 팀 성장을 위한 촉매제로 바라보는 관점을 가져야 합니다.

또한 올바른 접근 방식을 통해 조직과 개인 모두에게 긍정적인 변화를 끌어낼 수 있도록 도구를 활용하여 자신의 갈등 관리 스타일을 파악하고, 팀 내 갈등 상황에 적합한 접근 방식을 선택하여 갈등을 성장의 기회로 전환하는 것이 필요합니다.

리더와 구성원은 각각의 갈등 관리 스타일을 정확히 진단하고 각자의 갈등 접근 방식을 이해하여 적합한 대응 전략을 마련해야만 갈등 관리가 효과적으로 이루어질 수 있습니다. 특정 갈등 상황에서는 협력적인 접근이 필요할 수 있는 반면 다른 상황에서는 명확한 지침과 신속한 결단이 요구될 수 있기 때문입니다.

알면 도움 되는 갈등 진단 툴

1) 토마스-킬만 갈등 진단

토마스-킬만 갈등 진단Thomas-Kilmann Conflict Mode Instrument, TKI은 심리학자인 케네스 토마스와 랠프 킬만이 개발한 도구로, 직관적이고 시각적인 방식으로 개인이 특정 갈등 상황에서 선호하는 대처 방식을 파악할 수 있게 해 줍니다. 이 도구는 상황에 맞는 적절한 대응 방식을 선택하는 데 도움을 주며, 팀이나 조직 내에서 팀원 간 서로의 차이를 이해하고 갈등을 효과적으로 관리하는 데 유용하게 활용되고 있습니다.

토마스-킬만 갈등 진단은 협력성Cooperativeness과 자기 주장성Assertiveness이라는 두 축을 중심으로 개인이 갈등 상황에서 어떻게 행동하는지를 다섯 가지 유형으로 분류합니다. 각 유형은 다음과 같습니다.

토마스-킬만 갈등 관리 유형

경쟁형(Competing)
- 자기 주장성↑, 협력성↓
- 강력한 근거를 바탕으로 자신의 의견을 주장하거나 다른 사람이 결정하기 어려운 일을 빠르게 추진해 나가는 갈등 관리 모드

협력형(Collaborating)
- 자기 주장성↑, 협력성↑
- 양쪽의 요구를 충족시킬 수 있는 제3의 대안을 찾는 갈등 관리 모드

타협형(Compromising)
- 자기 주장성, 협력성 반반
- 상대와의 동등한 이익과 희생을 바탕으로 해결책을 제시하는 갈등 관리 모드

회피형(Avoiding)
- 자기 주장성↓, 협력성↓
- 의사 결정을 하기에는 정보가 부족하거나 더 중요한 문제가 있어서 현재의 문제 해결을 뒤로 미루는 갈등 관리 모드

수용형(Accommodating)
- 자기 주장성↓, 협력성↑
- 상대방의 의견이 합리적이거나 상대에게 호의를 끌어내기 위해 상대방에게 이해 관계를 양보하는 갈등 관리 모드

자기 주장성 (세로축)

협력성 (가로축)

- **X축 : 협력성(Cooperativeness)**
  협력성은 상대방의 이익과 만족을 얼마나 고려하는지를 의미합니다. X축의 왼쪽으로 갈수록 협력성이 낮고, 오른쪽으로 갈수록 높아집니다.

- **Y축 : 자기 주장성(Assertiveness)**
  자기 주장성은 자신의 이익과 목표를 얼마나 중요하게 여기고 주장하는지를 의미합니다. Y축의 아래쪽으로 갈수록 자기 주장성이 낮고, 위쪽으로 갈수록 높아집니다.

- **경쟁형(Competing)** : 경쟁형은 자신의 이익과 목표를 우선시하고, 상대방의 요구보다는 자신의 목표를 강하게 주장하는 방식입니다. 경쟁형은 빠른 결정을 내려야 하거나 긴급한 상황에 적합하지만, 상대방의 감정이나

관계를 간과할 수 있는 단점이 있습니다.

- **회피형**(Avoiding) : 회피형은 갈등 자체를 회피하거나 최소화하려는 경향을 보입니다. 회피형은 갈등이 큰 영향을 미치지 않거나 상황이 좀 더 나아질 때까지 기다려야 할 때 사용합니다.
- **협력형**(Collaborating) : 협력형은 문제 해결을 위해 적극적으로 협력하고 상호 이해를 추구하는 접근 방식입니다. 협력형은 문제의 근본 원인을 해결하고 서로 만족할 방안을 찾는 것을 목표로 합니다.
- **수용형**(Accomodating) : 수용형은 상대방의 요구를 우선으로 하며 자신의 필요를 양보하는 방식입니다. 수용형은 상대방과의 관계를 유지하고 갈등을 빨리 종결하려는 상황에서 사용됩니다.
- **타협형**(Compromising) : 타협형은 갈등 당사자가 서로 일부 양보하고 공정한 해결책을 찾기 위해 노력하는 접근으로, 시간 제약이 있거나 모두가 어느 정도 양보할 준비가 되어 있을 때 적합합니다.

2) 라힘 조직 갈등 진단-II

라힘 조직 갈등 진단-II Rahim Organizational Conflict Inventory-II, ROCI-II는 조직 행동 및 심리학 연구에서 널리 사용되는 평가 도구로, 심리학자 무하마드 라힘이 개발하였습니다. 라힘 조직 갈등 진단-II는 조직 내에서 발생하는 갈등의 양상과 사람들이 갈등을 어떻게 다루는지를 평가하여 조직 갈등의 원인과 대처 방식을 파악하는 데 목적을 두고 있습니다. 개인과 조직은 더 효과적인 갈등 관리 전략을 수립할 수 있으며 특히 관리자가 갈등 상황을 분석하고 적절한 대응 방식을 선택하는 데 중요한 자료로 활용될 수 있습니다.

라힘 조직 갈등 진단은 자신에 대한 관심 Concern for Self과 타인에 대한 관심 Concern for Others이라는 두 축을 기준으로 갈등 상황에서 개인의 동기 지향 Motivational Orientation을 나타내는 방식을 다섯 가지 갈등 관리 스타일로 구분하였습니다.

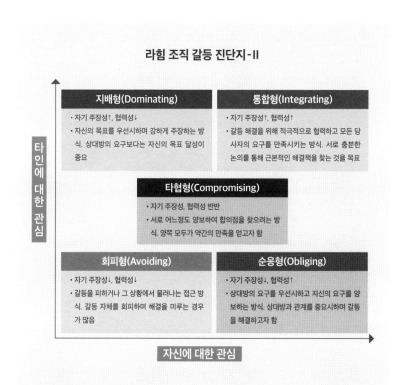

라힘 조직 갈등 진단지 - II

지배형(Dominating)
- 자기 주장성↑, 협력성↓
- 자신의 목표를 우선시하며 강하게 주장하는 방식. 상대방의 요구보다는 자신의 목표 달성이 중요

통합형(Integrating)
- 자기 주장성↑, 협력성↑
- 갈등 해결을 위해 적극적으로 협력하고 모든 당사자의 요구를 만족시키는 방식. 서로 충분한 논의를 통해 근본적인 해결책을 찾는 것을 목표

타협형(Compromising)
- 자기 주장성, 협력성 반반
- 서로 어느정도 양보하여 합의점을 찾으려는 방식. 양쪽 모두가 약간의 만족을 얻고자 함

회피형(Avoiding)
- 자기 주장성↓, 협력성↓
- 갈등을 피하거나 그 상황에서 물러나는 접근 방식. 갈등 자체를 회피하며 해결을 미루는 경우가 많음

순응형(Obliging)
- 자기 주장성↓, 협력성↑
- 상대방의 요구를 우선시하고 자신의 요구를 양보하는 방식. 상대방과 관계를 중요시하며 갈등을 해결하고자 함

타인에 대한 관심

자신에 대한 관심

- **X축 : 자신에 대한 관심(Concern for Self)**
  개인이 자신의 관심 사항을 만족시키기 위해 노력하는 정도를 의미합니다.
- **Y축 : 타인에 대한 관심(Concern for Others)**
  개인이 상대방의 관심 사항을 만족시키기 위해 노력하는 정도를 의미합니다.

- **지배형(Dominating)** : 자신의 목표나 이익을 우선시하며, 상대방의 필요나 바람을 무시하고 자신의 입장을 관철하려는 방식입니다. 주로 자신감이 높고 결과를 중요시하는 사람에게서 많이 나타납니다. 지배형은 빠른 결정이 필요하거나 중요한 이슈에 대해 확고한 태도를 유지해야 할 때 유용합니다.
- **회피형(Avoiding)** : 갈등 자체를 피하려 하거나 그 상황에서 물러나는 방식입니다. 회피형은 갈등에 대해 불편함을 느끼거나 해당 갈등이 크게 중요하지 않다고 판단할 때 선택됩니다. 회피형은 갈등이 잠시 진정될 필요가 있거나 상황을 파악할 시간이 필요할 때 효과적입니다.
- **통합형(Integrating)** : 갈등 당사자 모두의 이익을 최대로 충족하려는 방식으로, 서로의 차이를 이해하고 공동의 해결책을 찾기 위해 노력합니다. 통합형은 관계를 중시하며 장기적인 해결책이 필요할 때 매우 유용합니다. 통합형은 시간이 걸릴 수 있으나 갈등을 근본적으로 해결하고 상호 신뢰를 구축하는 데 효과적입니다.
- **순응형(Obliging)** : 상대방의 요구나 필요를 수용하고 자신의 요구를 양보하는 방식입니다. 순응형은 상대방과의 관계를 유지하고자 할 때 또는 이슈가 상대방에게 더 중요하다고 판단될 때 사용됩니다. 순응형은 관계를 중시하고 상대방에게 신뢰를 주는 데 유리합니다.
- **타협형(Compromising)** : 갈등 당사자들이 서로 약간씩 양보하여 합의점을 찾는 방식입니다. 타협형은 빠르게 갈등을 해결해야 하거나 양쪽 모두가 일부 목표를 포기할 의향이 있을 때 적합합니다. 타협형은 완벽한 해결책보다는 서로의 이익을 어느 정도 만족시키는 실용적인 접근을 제공합니다.

두 가지 갈등 관리 진단을 통해 리더는 팀 내 갈등 상황을 명확히 파악하고, 이를 기반으로 가장 적절한 갈등 관리 전략을 선택할 수 있습니다. 갈등 상황에서 진단 결과를 활용해 구성원의 갈등 관리 스타일을 이해하여 리더는 구성원의 성향에 맞춘 보다 효과적인 접근 방식을 취할 수 있을 것입니다.

경쟁형 스타일의 구성원에게는 명확한 목표와 이유를 제시하여 협력을 독려하고, 구성원의 동의를 얻는 방식이 효과적일 수 있습니다. 반면 회피형 스타일의 구성원에게는 편안한 환경에서 문제를 논의하도록 유도하여 갈등 해결의 장을 마련할 수 있습니다.

또한 갈등 관리 진단을 통해 구성원 간의 차이를 이해하고 존중할 수 있는 기회를 제공할 수 있습니다. 진단 결과를 바탕으로 구성원이 서로를 이해할 수 있는 환경을 조성하면, 갈등이 발생했을 때 열린 마음으로 상대의 입장을 고려할 수 있게 됩니다. 이는 팀 내 신뢰를 구축하고 협업을 강화하는 데 기여할 수 있습니다.

진단을 기반으로 갈등을 관리하는 과정에서 리더는 구성원의 감정과 의견을 존중하고 개방적인 대화를 촉진하여 서로의 이해를 심화하도록 도와야 합니다. 이러한 접근은 팀원 간 신뢰를 구축할 뿐만 아니라 팀 내에서 심리적 안전감을 조성하여 창의적 사고와 적극적인 참여를 유도하며 변화 관리에도 긍정적인 영향을 미칠 수 있습니다.

갈등을 성장의 기회로 전환하는 것은 리더에게 요구되는 핵심 역량이며, 리더는 갈등 관리에서 주도적인 역할을 맡아 구성원이 갈등을 두려워하지 않고 긍정적으로 받아들여 함께 해결할 수 있도록 지원해야 합니다. 갈등을 효과적으로 다룰수록 팀은 더욱 강해지고 조직은 지속할 수 있는 성과를 창출할 수 있게 됩니다.

다음의 라힘 조직 갈등 진단-II로 대상자별로 구분하여 갈등이 발생하는 관계 유형에 따라 다른 스타일을 측정할 수 있습니다. 진단지를 활용하여 조직 내 갈등 관리 방식을 분석하고, 이를 바탕으로 맞춤형 의사소통 전략과 갈등 해결 방안을 수립해 보세요.

라힘 조직 갈등 진단-II의 대상별 구분

진단지 A **상사와의 갈등**(Conflict with Supervisor)
- 상사와의 관계에서 발생하는 갈등 상황을 평가
- 상급자의 지시나 피드백에 대한 대응 방식, 위계적 관계에서의 갈등 해결 스타일 분석

진단지 B **부하와의 갈등**(Conflict with Subordinates)
- 부하 직원과의 관계에서 리더가 갈등을 다루는 방식을 평가
- 리더십 스타일과 갈등 상황에서 권위와 신뢰의 조화를 이루는 방법 분석

진단지 C **동료와의 갈등**(Conflict with Peers)
- 같은 수준의 동료와의 관계에서 갈등을 해결하는 방식 측정
- 협업과 경쟁이 혼재된 환경에서의 의사 소통과 갈등 관리 능력을 평가

진단지 A 팀원용(상사와의 의견 불일치나 갈등)

번호	문항	①	②	③	④	⑤
1	나는 상사와 함께 문제를 조사하여 수용할 수 있는 해결책을 찾기 위해 노력한다.					
2	나는 일반적으로 상사의 니즈를 충족하기 위해 노력한다.					
3	나는 상사와의 곤란한 상황을 피하고, 갈등을 혼자 해결하기 위해 노력한다.					
4	나는 상사와 나의 아이디어를 종합하여 공동의 의사 결정을 위해 노력한다.					
5	나는 상사와의 협업을 통해 기대에 부응할 수 있는 해결책을 찾기 위해 노력한다.					
6	나는 보통 상사와의 의견 차이를 공개적으로 논의하는 것을 피한다.					
7	나는 보통 상사와 의견 대립 시 해결을 위해 절충안을 찾으려 노력한다.					
8	나는 나의 의견이 받아들여지도록 전력을 다한다.					
9	나는 나에게 유리한 결정을 위해 나의 권한을 사용한다.					
10	나는 보통 상사의 의견을 수용한다.					
11	나는 상사가 바라는 것에 마지못해 동의한다.					
12	나는 상사와 정확한 정보를 나누며 함께 문제를 해결한다.					
13	나는 상사와 의견이 다를 경우 보통 상사에게 양보한다.					
14	나는 보통 상사와 의견 대립 시 해결을 위해 절충안을 제안한다.					

① 매우 그렇지 않다   ② 그렇지 않다   ③ 보통이다   ④ 그렇다   ⑤ 매우 그렇다

번호	문항	①	②	③	④	⑤
15	나는 타협점을 찾기 위해 상사와 협상한다.					
16	나는 상사와 의견 충돌을 피하려고 노력한다.					
17	나는 상사와 마주치는 것을 피한다.					
18	나는 보통 나에게 유리한 결정을 위해 전문 지식을 활용한다.					
19	나는 자주 상사의 제안을 따른다.					
20	나는 보통 타협이 이루어지도록 상사와 의견을 교환한다.					
21	나는 일반적으로 나의 입장을 확고하게 고수한다.					
22	나는 우려되는 점을 공개적으로 제기하여 문제가 최선의 방법으로 해결될 수 있도록 노력한다.					
23	나는 상사와 협력하여 수용할 수 있는 결정을 하도록 한다.					
24	나는 상사의 기대를 충족하기 위해 노력한다.					
25	나는 때때로 상사와의 경쟁적인 상황에서 이기기 위해 나의 힘을 사용한다.					
26	나는 상사와 의견 불일치 시 불편한 감정을 피하려고 혼자 해결하려고 노력한다.					
27	나는 상사와의 갈등을 피하려고 노력한다.					
28	나는 문제를 제대로 이해하기 위해 상사와 협력하려고 노력한다.					

진단지 B 팀장용(부하 직원과의 의견 불일치나 갈등)

번호	문항	①	②	③	④	⑤
1	나는 부하 직원과 함께 문제를 조사하여 수용할 수 있는 해결책을 찾기 위해 노력한다.					
2	나는 일반적으로 부하 직원의 니즈를 충족하기 위해 노력한다.					
3	나는 부하 직원과의 곤란한 상황을 피하고 갈등을 혼자 해결하기 위해 노력한다.					
4	나는 부하 직원과 나의 아이디어를 종합하여 공동의 의사 결정을 위해 노력한다.					
5	나는 부하 직원과의 협업을 통해 기대에 부응할 수 있는 해결책을 찾기 위해 노력한다.					
6	나는 보통 부하 직원과의 의견 차이를 공개적으로 논의하는 것을 피한다.					
7	나는 보통 부하 직원과 의견 대립 시 해결을 위해 절충안을 찾으려 노력한다.					
8	나는 나의 의견이 받아들여지도록 전력을 다한다.					
9	나는 나에게 유리한 결정을 위해 나의 권한을 사용한다.					
10	나는 보통 부하 직원의 의견을 수용한다.					
11	나는 부하 직원이 바라는 것에 마지못해 동의한다.					
12	나는 부하 직원과 정확한 정보를 나누며 함께 문제를 해결한다.					
13	나는 부하 직원과 의견이 다를 경우 보통 부하 직원에게 양보한다.					
14	나는 보통 부하 직원과 의견 대립 시 해결을 위해 절충안을 제안한다.					

① 매우 그렇지 않다   ② 그렇지 않다   ③ 보통이다   ④ 그렇다   ⑤ 매우 그렇다

번호	문항	①	②	③	④	⑤
15	나는 타협점을 찾기 위해 부하 직원과 협상한다.					
16	나는 부하 직원과의 의견 충돌을 피하려고 노력한다.					
17	나는 부하 직원과 마주치는 것을 피한다.					
18	나는 보통 나에게 유리한 결정을 위해 전문 지식을 활용한다.					
19	나는 자주 부하 직원의 제안을 따른다.					
20	나는 보통 타협이 이루어지도록 부하 직원과 의견을 교환한다.					
21	나는 일반적으로 나의 입장을 확고하게 고수한다.					
22	나는 우려되는 점을 공개적으로 제기하여 문제가 최선의 방법으로 해결될 수 있도록 노력한다.					
23	나는 부하 직원과 협력하여 수용할 수 있는 결정을 하도록 한다.					
24	나는 부하 직원의 기대를 충족하기 위해 노력한다.					
25	나는 때때로 부하 직원과 경쟁적인 상황에서 이기기 위해 나의 힘을 사용한다.					
26	나는 부하 직원과 의견 불일치 시 불편한 감정을 피하려고 혼자 해결하려고 노력한다.					
27	나는 부하 직원과의 갈등을 피하려고 노력한다.					
28	나는 문제를 제대로 이해하기 위해 부하 직원과 협력하려고 노력한다.					

진단지 C 동료용(동료와의 의견 불일치 또는 갈등)

번호	문항	①	②	③	④	⑤
1	나는 동료와 함께 문제를 조사하여 수용할 수 있는 해결책을 찾기 위해 노력한다.					
2	나는 일반적으로 동료의 니즈를 충족하기 위해 노력한다.					
3	나는 동료와의 곤란한 상황을 피하고 갈등을 혼자 해결하기 위해 노력한다.					
4	나는 동료와 나의 아이디어를 종합하여 공동의 의사 결정을 위해 노력한다.					
5	나는 동료와의 협업을 통해 기대에 부응할 수 있는 해결책을 찾기 위해 노력한다.					
6	나는 보통 동료와의 의견 차이를 공개적으로 논의하는 것을 피한다.					
7	나는 보통 동료와 의견 대립 시 해결을 위해 절충안을 찾으려 노력한다.					
8	나는 나의 의견이 받아들여지도록 전력을 다한다.					
9	나는 나에게 유리한 결정을 위해 나의 권한을 사용한다.					
10	나는 보통 동료의 의견을 수용한다.					
11	나는 동료가 바라는 것에 마지못해 동의한다.					
12	나는 동료와 정확한 정보를 나누며 함께 문제를 해결한다.					
13	나는 동료와 의견이 다를 경우 보통 동료에게 양보한다.					
14	나는 보통 동료와 의견 대립 시 해결을 위해 절충안을 제안한다.					

① 매우 그렇지 않다 ② 그렇지 않다 ③ 보통이다 ④ 그렇다 ⑤ 매우 그렇다

번호	문항	①	②	③	④	⑤
15	나는 타협점을 찾기 위해 동료와 협상한다.					
16	나는 동료와 의견 충돌을 피하려고 노력한다.					
17	나는 동료와 마주치는 것을 피한다.					
18	나는 보통 나에게 유리한 결정을 위해 전문 지식을 활용한다.					
19	나는 자주 동료의 제안을 따른다.					
20	나는 보통 타협이 이루어지도록 동료와 의견을 교환한다.					
21	나는 일반적으로 나의 입장을 확고하게 고수한다.					
22	나는 우려되는 점을 공개적으로 제기하여 문제가 최선의 방법으로 해결될 수 있도록 노력한다.					
23	나는 동료와 협력하여 수용할 수 있는 결정을 하도록 한다.					
24	나는 동료의 기대를 충족하기 위해 노력한다.					
25	나는 때때로 동료와 경쟁적인 상황에서 이기기 위해 나의 힘을 사용한다.					
26	나는 동료와 의견 불일치 시 불편한 감정을 피하려고 혼자 해결하려고 노력한다.					
27	나는 동료와 갈등을 피하려고 노력한다.					
28	나는 문제를 제대로 이해하기 위해 동료와 협력하려고 노력한다.					

진단지 집계표

갈등 관리 유형		해당 문항							합계	평균	순위
통합형	번호	1번	4번	5번	12번	22번	23번	28번			
	점수										
순응형	번호	2번	10번	11번	13번	19번	24번				
	점수										
지배형	번호	8번	9번	18번	21번	25번					
	점수										
회피형	번호	3번	6번	16번	17번	26번	27번				
	점수										
타협형	번호	7번	14번	15번	20번						
	점수										

리더를 위한 질문

- 조직 내에서 갈등이 발생하는 주요 원인은 무엇이라고 생각하나요?

- 갈등 상황에서 리더의 첫 번째 역할은 무엇이어야 할까요?

- 갈등의 원인을 정확히 진단하려면 어떤 정보를 수집해야 할까요?

- 구성원의 입장을 공정하게 들으려면 어떻게 해야 할까요?

- 갈등 해결 과정에서 신뢰를 어떻게 유지할 수 있을까요?

- 갈등 해결 후에도 팀의 협력을 강화하려면 어떤 후속 조치가 필요할까요?

- 갈등이 조직 성장의 기회로 전환될 방법은 무엇일까요?

자기 관리

자기 관리로
리더의 길을 열다

자기 인식
: 나를 보고 나를 찾고 나를 이해하다

프레임을 보고 프레임을 열다

〈핑크대왕 퍼시〉에는 핑크를 광적으로 좋아하는 핑크대왕이 나옵니다. 자신의 소유물을 모두 핑크로 바꾸는 것으로는 만족하지 못한 핑크대왕은 백성들의 소유물도 핑크로 바꾸라고 명을 내려서, 모든 식물과 갓 태어난 동물까지 다 핑크로 염색해야 했습니다. 하지만 넓고 넓은 하늘만큼은 핑크로 바꿀 수 없었던 핑크대왕은 자기 스승에게 방법을 물어보고, 스승은 묘책을 찾아냅니다. 바로 핑크 렌즈를 끼운 안경을 선물하여 하늘을 핑크로 만드는 것이었습니다. 자신이 좋아하는 것을 넘어 남까지 변화시키려고 하는 것 그리고 그 행동을 옳다고 생각하는 것 바로 생각의 틀인 '프레임'입니다.

개인마다 세상을 바라보는 시선은 다릅니다. 사람에게 고정관념이 있는 이유에 대해 일리노이대학교 심리학과 돌로레스 교수는 연구에서 인간이 주어진 많은 정보 중에서 자신의 성향에 맞는 약 67%의 정보만을 받아들이기 때문이라고 하였습니다. 그래서 비관주의자는 어떤 기회가 있든 어려움을 보고, 낙관주의자는 어떤 어려움 속에서도 기회를 보는 것이죠.

> **"**
> ## 어떤 프레임을 가지고 있나요?
> **"**

리더는 경청과 질문을 통해 구성원이 가진 각각의 프레임을 통합하는 것이 중요합니다. 그러나 많은 리더가 잘 경청하거나 질문하지 않는 실수를 범합니다. 본인의 경험과 생각이 옳다고 믿는 자기 확신, 리더 자신만의 프레임 때문일지도 모릅니다.

사람은 누구나 자신만의 프레임을 갖고 있지만 앞서 말한 대로 본인의 경험과 생각이 옳다고 생각하는 자기 중심적인 프레임에 빠지지 않도록 유의해야 합니다. 나는 옳고 상대는 틀렸다고 생각하면 서로 충돌될 수밖에 없습니다. 특히 리더가 자기 중심적 프레임에 빠져 있다면 자신의 판단을 과신하고, 상황을 통제할 수 있다고 착각하게 되어 주변에서 자신에게 해 주는 진심 어린 충고와 말들을 듣지 않는 외골수가 되는 것이죠. 그렇다면 자기 중심적인 프레임의 함정에 빠지지 않으려면 어떻게 해야 할까요?

스탠포드대학교 경영대학 자문위원에게 '리더로서 성공하기 위해 가장 중요한 출발점은 무엇인가요?'라는 질문을 했는데 절대 다수의 답이 바로 자기 인식Self-Awareness이었습니다. 자기 인식의 첫 단계는 바로 자기 평가와 타인 평가로, 대표적인 자기 인식 방법은 바로 피드백입니다. 피드백은 리더로서 구성원에게 하는 것뿐만 아닌 리더 또한 지속해서 받아야 합니다.

> **"**
> ### 나는 구성원에게
> ### 어떤 리더로 인식되어 있을까요?
> **"**

애플의 창시자인 스티브 잡스는 '무엇을 하지 않을 것인지를 결정하는 것이 무엇을 할지를 결정하는 것만큼 중요하다'고 말했습니다. 리더로서 무엇을 해 나갈 것인지도 중요하지만, 무엇을 하지 않을지도 매우 중요하기 때문이죠. 나의 리더십을 긍정적으로 발휘하여 영향력을 발휘하고 싶다면 리더가 하지 말아야 할 것에 먼저 집중해야 합니다. 그 방법 중 가장 쉬운 것은 내가 그동안 만나 온 리더를 떠올리며 'To do'와 'Not to do'를 생각해 보는 것입니다.

> **"**
> ### 리더의 저런 모습을 정말 배우고 싶어!
> ### VS 리더의 저런 행동은 절대 하지 않을 거야!
> **"**

내가 만났던 리더를 떠올리며 배우고 싶을 만큼 좋았던 부분은 무엇인지 그리고 절대 저 행동은 하지 말아야겠다고 느꼈던 것들은 무엇인지 적어 보세요. 그리고 적어 놓은 내용 중 해야 하는 것과 하지 말아야 하는 것을 체크해 본다면 리더로서의 모습을 구체화할 수 있는 지표가 되어 줄 것입니다.

그러나 내가 하지 말아야 할 행동을 하고 있는 것은 아닌지에 대해 자신을 객관적으로 인식하는 것은 생각보다 쉽지 않습니다. 대다수 사람은 자기 자신에게 관대하며 구성원은 리더에게 솔직히 이야기하지 않을 수 있기 때문입니다.

리더에게도 코치와 멘토가 필요하다

조직에서는 리더 앞에서의 행동과 뒤에서의 행동이 다른 구성원이 있기 마련입니다. 리더의 말에 순응하기에 팔로워십이 있다고 생각했던 동료인데, 알고 보니 리더를 정말 싫어하고 있다는 것을 알게 될 때도 있죠. 리더의 어떤 부분이 부족하고 어떻게 바뀌어야 할지 명확하게 인지하고 있으며 심지어 리더 때문에 퇴사를 고려할 만큼 고민하면서도 왜 직접 리더에게 말하지 않는 걸까요? 리더의 업무 지시와 평가를 받는 입장에서 제대로 목소리를 낼 수 있는 구성원은 많지 않을 것입니다. 그런데도 용기를 내어 리더를 위해 말했던 도움이 되는 쓴소리 즉 리더에 대한 피드백이 자신에게 좋은 결과를 미치지 않았던 경험을 했다면 구성원은 더 이상 리더에게 솔직히 피드백하기 어려울 것입니다.

　리더와 구성원이 인식하는 리더십이 차이가 날 때가 많습니다. 왜 이런 문제가 발생할까요? 그리고 그 차이를 어떻게 줄일 수 있을까요? 인간관계에는 황금률과 백금율이 있습니다. 황금률은 '자신이 대접받고자 하는 대로 남을 대접하라'라는 뜻으로 내가 싫으면 상대도 싫을 것이고, 내가 좋으면 상대도 좋을 것이니 거기에 맞춰서 행동하라는 것입니다. 황금률을 중시하는 경우는 포커스가 '나'이기 때문에 나의 경험 정도에 따라서 다르게 표현됩니다.

　백금률은 '상대가 바라는 대로 상대를 대해 주는 것'입니다. 기본적으로 사람은 입맛도, 취향도, 가치관도 다 다릅니다. 《제목 없는 책(박해조 지음, 빛다림터, 1998)》에 나오는 〈소를 사랑한 사자〉 우화에서 사자는 가장 맛있는 살코기를 소에게 주었고 풀을 좋아하는 소는 괴롭지만 참았습니다. 풀을 좋아하는 소는 사자에게 가장 맛있는 풀을 선물했고 고기를 좋아하는 사자는 괴롭지만 참았습니다. 그리고 마지막에는 서로에게 '나는 최선을 다했다'고 말하며 헤어졌죠. 내가 좋아한다고 해서 남도 같은 생각과 마음을 가질 거라고 생각하면 안 됩니다. 결국 중요한 것은 우리가 가지고 있는 프레임의 한계를 알고 현명하게 대처하는 것입니다.

　구성원이 바라는 바를 인식하는 것 그리고 나의 리딩 스타일을 알아차리는 것 그리고 그 사이에서 앞으로 어떻게 해 나갈 것인지에 대한 방향을 찾아내는 것까지 3박자를 맞추기 위해 리더에게도 멘토와 코치가 필요합니다.

리더가 진짜 어른이 되는 법

최고의 스승이 누구냐고 묻는다면, 최고의 스승은 '평가받은 경험'이 있는 사람이라고 말할 수 있습니다. 자신이 지나온 과거를 돌아보지 않으면 평가를 받지 않은 것과 같습니다. 그래서 지나온 과거인 리더십 평가와 360도 다면평가를 마음으로 받아들여 행동의 변화까지 이끌어 가는 것이 필요합니다.

조직에서의 평가는 리더의 리딩 수준과 조직원의 인식 정도를 알려 줍니다. 리더 스스로는 잘하고 있다고 생각했는데, 구성원이 느끼는 정도의 차이가 크더라도 좌절하지 마세요. 아직 늦지 않았습니다. 자신의 어떤 부분이 바뀌어야 하는지를 코칭해 줄 사람을 만나는 것 그리고 앞으로도 제대로 나아갈 수 있도록 힘을 주는 멘토를 만나는 것이 필요합니다.

리더십 전문가 존 맥스웰은 조직의 성과는 그 조직을 이끌어 가는 리더의 리더십 크기에 비례한다는 '뚜껑의 법칙'을 설명하며, 조직원이 아무리 훌륭하고 뛰어나다 하더라도 용기를 닫는 뚜껑이 너무 작으면 병목 현상처럼 막혀 개인이 가진 역량을 충분히 다 발휘하지 못한다고 했습니다. 용기가 커지려면 그 뚜껑의 크기도 비례해서 함께 커져야 합니다. 리더십이 뛰어난 리더와 함께 일하면 자기 능력과 역량보다 더 많은 것을 해내고 좋은 결과물을 만들어 내며 더 열정적으로 일하게 됩니다. 그동안 함께 일했던 많은 리더와의 경험을 떠올려 보세요.

> **"**
>
> **몰입하며 즐겁게 일할 수 있도록
> 만들어 줬던 리더가 있었나요?**
>
> **"**

지금까지 겪었던 선임 리더의 리더십 크기가 지금 이 자리로 이끌었으며 당신의 역량이 더 발전될 수 있도록 성장시켰을 것입니다. 지금까지 이끌고 키워 준 상사가 바로 멘토였을 것이며, 리더에게 받았던 코칭이 당신의 행동과 성과를 객관적으로 보게 하여 더 나은 방향으로 나아갈 수 있도록 이끌었을 것입니다.

리더로서의 나의 코치, 멘토는 나를 몰입하며 즐겁게 일할 수 있도록 만들어 주었던 리더, 가깝게는 지금 옆의 동료가 될 수도 있습니다.

비즈니스 멘토 구하는 방법

❶ 지금은 같이 일하고 있지 않지만 오래전 함께 일한 경험이 있는 예전 상사

❷ 회사 동료나 업무 협업 과정에서 알게 된 사람들

❸ 같이 일해보진 않았지만, 평판이 좋은 직원들

❹ 유사 직종, 타 기업의 업무 경험이 많은 사람

우리가 누군가와 이야기할 때는 메시지를 보지 않고 메신저를 보게 됩니다. 아무리 좋은 말도 관계가 나쁘거나 불편한 관계에서 듣게 되면 불쾌감을 느끼기 마련이죠. 나와 관계가 좋으면서 존경할 만하고 많은 경험이 있는 사람을 떠올려 보세요. 이왕이면 내가 경험하고 있는 길을 먼저 걸었던 사람을 추천합니다.

리더의 자리에 있다고 모두가 좋은 리더라고 말할 수 없듯 조직원을 코칭하고 멘토링하는 것도 중요하지만, 리더 자신도 코칭 받고, 멘토가 있어야 하는 존재라는 것을 늘 잊지 말아야 합니다.

말의 품격으로
리더십을 빛내다

'인성이 곧 실력'이라는 말을 하는 요즘입니다. 그리고 이 인성을 나타내는 데에는 그 사람의 인품도 무시할 수 없죠. 수준이나 등급을 이야기하는 한자 품(品), 누군가가 뱉는 말이 쌓여서 그 사람의 품격이 됩니다. 그래서 리더의 언어가 중요하고 말의 품격이 중요하다고 말하는 것입니다. 한 사람과 10분, 아니 짧게 몇 분만 이야기해 보면 그 사람의 인품이 느껴집니다.

> **66**
> ### 어떤 품격을 가지고 있나요?
> **99**

리더의 말과 글은 조직을 운영하는 강력한 수단으로 매우 큰 영향력을 발휘합니다. 리더란 사람의 마음을 움직여 조직의 목표를 달성할 수 있도록 만드는 사람입니다. 그래서 조직에서는 리더의 발언권이 가장 강하며 회의나 보고할 때 피드백이나 코멘트를 하면서 구성원 앞에서 목소리를 많이 내죠. 그리고 그 말을 수많은 구성원이 듣게 됩니다. 이때 구성원은 관찰자가 되어 리더의 말과 행동을 살펴보며 리더가 어떤 사람인지 파악하게 됩니다.

그래서 리더는 타인이 아닌 자신에게 엄격해야 합니다. 다국적 기업인 듀폰사에서는 '뉴스페이퍼 테스트'를 하나의 원칙으로 삼고 있습니다. 리더로서 하는 말과 행동이 다음 날 언론 기사에 나와도 괜찮을지 스스로 점검해 보고 판단하는 것이죠. 이 테스트는 의식의 흐름대로 내뱉는 말을 잠시 거르는 작업이기 때문에 오랜 시간이 걸리지는 않습니다. 먼저 리더는 자기 생각을 모니터링 하는 것을 습관화해야 합니다. 내 생각이 옳은지, 틀렸는지, 구성원에게 설득력을 발휘할 수 있을지 생각하고 판단해야 합니다.

많은 리더가 리더의 마음을 알아주지 않는 구성원에 대한 섭섭함을 토로합니다. 나쁜 의도로 말하거나 행동한 것이 아닌데 구성원에게 오해받고 질타받을 때면 지치기도 할 것입니다. 리더의 진심이 전달되지 않았다고 생각한다면 리더의 생각을 먼저 바꾸어야 합니다. 말보다 생각이 우선이기 때문입니다. 만약 구성원과 함께 있는 자리가 불편하거나 구성원이 리더 앞에서 많은 이야기를 하고 있지 않다면 그것은 리더의 탓일 확률이 아주 높습니다.

리더를 위한 질문

- 리더로서 리더십 평가를 받아본 경험이 있나요? 있다면 점수와 관계 없이 자기 평가와 구성원 평가 간에 차이가 컸던 항목은 무엇인가요? 그 결과에 대해 어떤 생각이나 감정을 느꼈나요?

- 리더십에 대해 솔직하게 피드백을 줄 수 있는 구성원이 있나요?

- 비즈니스 멘토가 있나요? 없다면 함께하고 싶은 멘토는 누구인가요?

- 평소 구성원과 대화할 때 리더로서 적합한 말을 하고 있는지 신중히 생각하며 말하고 있나요?

- '뉴스페이퍼 테스트'를 적용해 본다면 그동안 했던 말 중 언론 기사로 보도되었을 때 문제가 될 만한 발언이 있나요?

- 현재 조직의 성과와 구성원의 성장을 이끌기 위해 신체적, 정신적으로 건강한 상태를 유지하고 있나요?

- 리더로서 행동과 말이 조직 내 구성원에게 미치는 영향을 충분히 인지 하고 있나요?

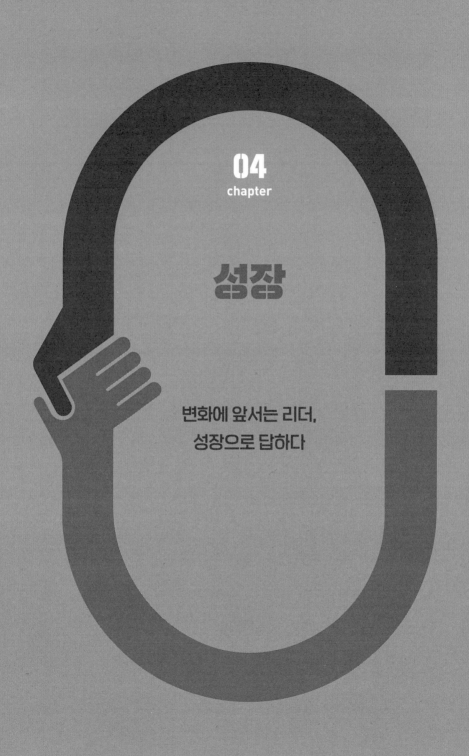

04
chapter

성장

변화에 앞서는 리더,
성장으로 답하다

배우고 채우고
다시 시작하는 리더

스포츠 경기를 보면 같이 뛰는 동료 선수보다 열 살 이상 나이가 많으면서도 높은 세계 랭킹에 있는 선수들이 있습니다. 그들은 그 자리를 어떻게 유지하는 걸까요? 그들은 '나이'라는 약점을 넘어서 젊은 선수들과의 시합을 위해 끊임없이 체력을 단련합니다. 그들은 새로운 선수가 나타날 때마다 같은 필드에서 뒤처지지 않고 더 높은 역량을 발휘하기 위해 경쟁자를 분석하고 전략을 수립합니다. 나이와 관계없이, 경력과 상관없이 자리를 지키고 인정받고 성장하려면 끊임없이 노력하는 것만이 답이라는 것을 누구보다 잘 알고 있기 때문입니다. 과거의 영광이 선수의 미래를 보장하지 않듯 과거의 성과가 미래의 자리를 보장하지는 않기 때문이죠.

'저런 사람이 어떻게 리더의 자리까지 올라왔지?'라는 생각이 들 때가 있습니다. 하지만 그 리더도 처음부터 그런 모습이지는 않았을 것입니다. 분명 능력과 인망이 있었기 때문에 리더로 선발되었을 것입니다. 그런데 그 리더는 왜 지금의 모습으로 변하게 되었을까요?

리더의 자리에 있다고 모두가 좋은 리더가 되지는 못합니다. 리더십과 팔로워십의 대가 바바라 켈러먼은 《배드 리더십(한근태 옮김, 랜덤하우스코리아, 2005)》에서 나쁜 리더의 유형을 일곱 가지로 설명하고 있습니다. 나쁜 리더는 무능하고 완고하며 절제력이 없습니다. 또한 구성원의 욕구를 살피지 않고 부패하고 편협하고 사악하다고 했습니다. '무능'은 나쁜 리더십의 대표적인 유형입니다. 구성원의 역량이 부족하면 티칭, 코칭, 멘토링, 피드백 등 다양한 리더십 스킬을 사용하여 구성원을 성장시킬 수 있습니다. 그런데 리더가 무능하면 잘못된 판단을 내리거나 잘못된 결과를 만들어 낼 수 있습니다.

방향과 피드백이 정확하지 않아 계속 같은 보고서를 버전별로 찍어낸다던가, 오랜 시간을 투자한 기획이 처음부터 잘못되었다는 것을 깨닫는 순간이 올지도 모릅니다. 지금의 조직에서 리딩할 만큼의 역량이 없는 리더와 함께하는 것. 얼마나 견디기 힘든 일인지 상상이 되나요? 글로벌 HR컨설팅 회사인 헤이그룹의 조사에 따르면 일을 잘하는 직원과 그렇지 못한 직원의 생산성은 영업사원은 2.7배, 프로그래머는 6배, 리더는 무려 22배나 된다고 하니 구성원의 고달픔도 문제이지만, 조직에는 직접적인 악영향을 미치므로 더욱 큰 문제라고 할 수 있습니다.

> **"**
> 일단 개인적으로 안정감을 느끼는 나이에 이르면
> 배우기를 멈추고 남은 생애 동안 빈둥거린다.
> 물론 그들도 조직에서 승진하기 위해
> 야망과 열정을 가지고 밤낮없이 일한다.
> 하지만 더 이상 배우지는 않는다.
> - 빌립 크로스비 -
> **"**

품질 경영의 선구자인 빌립 크로스비는 많은 직장인이 어느 정도 안정감을 느끼는 나이와 직급이나 직책에 이르면, 배우기를 멈추고 더 이상 배우는 노력을 하지 않으려 한다고 했습니다. 물론 그 사람들도 처음에는 조직에서 인정받고 승진하기 위해 밤낮없이 열정을 가지고 일했겠지만, 어느 정도의 자리에 이르면 더 이상 배우지 않고 안주한다는 것이죠. 지킬 것이 많아지고 누리는 혜택과 보상이 커질수록 새로운 도전보다는 지금의 것에 만족하게 됩니다. 스스로 타협하는 것이죠. 주변에도 오래전 본인의 경험과 지식만으로 조직을 이끌어 가는 리더를 쉽게 찾아볼 수 있습니다.

어쩌면 '이미 내가 예전에 다 해 봤어'라고 자신의 무용담을 말하고 있을지도 모릅니다. '라떼는~'을 외치는 리더는 더 이상 조직원에게 매력적이지 않습니다. 롱런Long-Run 하고 싶다면, 롱런Long-Learn 해야 합니다. 학습을 멈추고 리더의 역할을 과거의 기준에 머물러 수행하는 것은 부끄러운 일임을 알아차려야 합니다.

그런데 왜 성장하지 않고 멈춰 있기를 선택하는 것일까요? 리더가 빠지기 쉬운 덫이 여러 가지가 있는데, 그중 하나가 능숙함의 덫 Competency Trap입니다. 리더의 능숙함은 아주 많은 부분에서 큰 힘이 되기 때문에 이게 덫이라는 생각도 못했을 것입니다. 조직 생활을 잘했기 때문에 승진하고, 해당 분야에서 계속 숙련되며 역량을 키웠을 겁니다. 그러면 과제를 어떻게 수행해야 하는지 머리에 로드맵이 그려져 일이 더 쉬워지고, 더 빨리 더 잘할 수 있을 것이며 주위에서 인정받고 자신도 잘해 내고 있다고 생각할 것입니다. 그러면서 현재하는 것만으로도 충분하다고 생각하기 쉬운데, 이것이 덫이 되어서 리더십 성장을 방해할 수 있습니다.

직책을 맡게 되면 새롭게 필요한 역량을 익히기 위한 노력과 시간이 필요합니다. 기존에 능숙하게 해 오던 방식의 일이 아니라 리더로서 더 멀리 내다보며 사람과 성과를 관리하는 새로운 방식의 일이죠. 하지만 자신이 익숙한 실무자의 관점으로 일을 지속하는 경우가 생깁니다. 특히 업무 능력이 뛰어난 사람이 승진했거나 전문성을 가진 사람일수록 능숙함의 덫에 걸릴 위험이 큽니다.

실무자였을 때의 강점은 리더가 되는 순간 약점으로 변질될 수 있습니다. 꼼꼼한 실무자는 일의 진척을 느리게 하는 리더가 될 수 있으며, 창의적이었던 실무자는 집중해야 할 일 외에 산발적으로 일을 만드는 리더가 될 수도 있습니다.

조직심리학자인 로버트 호건은 리더십에 대한 연구에서 실패하는 리더의 공통점을 발견했는데, 바로 자신의 장점이 약점으로 변화하는 순간을 인식하지 못했다는 것입니다. 성공하는 리더가 되기 위해서는 능숙함의 덫에서 벗어나 스스로 개발해야 할 점을 찾고 꾸준히 학습해야 합니다. 직책을 맡은 것은 최종 목적지가 아닌 또 다른 시작점입니다.

> **"**
> ## 지금 당신을 그 자리에 올려 준 능력이 당신의 미래를 보장하지 못한다.
> - 허미니아 아이바라 -
> **"**

세계적인 경영대학원 인시아드의 조직행동론 교수인 허미니아 아이바라 교수의 유명한 말을 기억하세요.

리더의 자리를 오래 맡은 사람들이 두려워하는 것이 무엇일까요? 바로 팀장 직책이 해제되는 것입니다. 많은 사람이 리더에서 팀원으로 강등된 것이 자존심 상하고 부끄러워서라고 답할 수도 있겠지만, 실제 무서워하는 것은 따로 있습니다. 그것은 바로 구성원으로서 업무를 잘 수행할 자신이 없다는 것이었습니다.

실제로 직급이 올라갈수록 리더의 자리에 오래 있을수록 실무 전문성이 떨어지기도 합니다. 데이터를 보는 데에는 능숙하지만 데이터를 도출하거나 가공하는 스킬이 떨어지며, 새로운 정보와 툴을 활용하는 구성원에게 의존하다 보니 혼자서는 A~Z까지 해내지 못하게 됩니다. 보고서를 보며 피드백하고 큰 그림의 방향성을 제시하는 데에는 익숙하지만, 내용을 검증하지 못하고 보고서의 숫자를 그대로 믿는 오류를 범하기도 합니다.

　그래서 팀장 직책이 해제되면 적응하지 못하고 퇴사하는 경우를 쉽게 찾아볼 수 있습니다. 리더로서 새로운 직급에 맞는 역량을 갖추기 위해 노력하는 것도 중요하지만, 기존 업무의 감각을 놓치지 않도록 노력하는 것도 중요합니다. 능숙함의 덫에서 벗어나라는 것이 기존에 자신이 가진 최고의 역량을 버리고 새로움으로만 채우라는 뜻은 아니기 때문입니다. 기존의 자기 강점을 살리며, 새로운 노력으로 또 다른 능력을 보유하는 것이 자리를 지키는 무기가 될 것입니다.

상생과 성장은 리더십의 핵심이다

직장인 인사이트에서 직장인 1,124명을 대상으로 입사 시 회사를 선택하는 요인을 조사하였습니다. 이 설문의 결과에서 직장인이 회사를 선택하는 요인은 경쟁력 있는 급여와 복리후생, 경력 개발의 기회, 나의 성장 가능성, 좋은 직장으로의 명성, 내가 좋아하는 업무라고 대답했습니다. 직장 생활의 가치는 어디서 나온다고 생각하는지에 대한 질문에 대한 답은 외적 보상인 월급이 가장 큰 요소이긴 하지만, 그것만이 다는 아니었습니다. 직장 동료와의 팀워크, 협력, 소통을 통해 가치를 느낀다는 의견과 성장하고 있는 자기 모습을 통해 직장 생활의 가치를 느낀다는 의견이 그 뒤를 따랐습니다.

인재를 유지하고 지속 성과를 창출하며 훌륭한 인재가 조직에 계속 머무르게 하려면 무엇이 필요할까요? 건강한 조직 문화와 리더십이 가장 중요할 것입니다. 좋은 인재를 뽑는 것도 매우 중요하지만 그 인재를 유지하고 성과를 내는 것은 리더가 어떻게 하느냐에 달려 있습니다. 그런데 조직원이 스스로 성장하는 느낌이 들지 않는다면 신입사원 때의 열정 넘치던 각오도 사라지고, 직장생활의 가치도 적게 느끼게 될 것입니다.

성장이 멈춘 리더에게 배울 것

사람은 누구나 성장에 대한 욕구가 있습니다. 학습과 업무 그리고 관계를 통해 성장하기를 희망합니다. 그런데 배울 게 없는 리더라면 어떨까요? 리더가 잘못된 방향을 제시하거나 예상한 수준의 피드백만 하면서 구성원인 자신이 더 뛰어나다고 느끼게 되는 순간을 자주 경험한다면 소중한 인재를 잃게 될 수 있습니다.

2014년 마이크로소프트의 CEO로 취임한 사티나 나델라는 '기업의 성공은 구성원의 성장 마인드에 달려 있다'고 말하며 개인의 성공이 아닌 함께 성장하는 것을 통한 변화를 강조하였습니다. 그리고 성장 마인드셋을 가지고 도움을 주는 인재가 되는 것을 중요시하며 인사평가에도 해당 항목을 가장 중요하게 반영하였습니다.

❶ 다른 사람의 성공에 기여한 바는 무엇인가?
❷ 다른 사람의 일을 통해 어떻게 나의 일을 개선하였는가?

두 가지 질문에 대한 당신의 답은 무엇인가요? 리더로서 나는 구성원의 성공에 기여하고 있으며 지속하여 성장하고 있나요? 자신에게 꼭 답을 해 보세요.

사람은 평생 배운다고 했습니다. '삼인행 필유아사(三人行必有我師)' 세 사람이 길을 걸어가면, 반드시 그중에는 나의 스승이 있다는 의미입니다. 동행자의 좋은 점은 배울 수 있고, 좋지 않은 모습은 자신을 돌아볼 수 있게 해서 모두가 스승이라는 의미입니다.

그렇다면 '학습'이란 무엇일까요? 끊임없는 학습과 자기 계발은 애매모호함에서 명료함으로 가는 과정입니다. 지금 이 순간뿐만 아니라 장기적인 관점에서 가고 있는 방향과 가고자 하는 방향을 설정하고 확인하며, 그 길을 나아감에 있어서 자신에게 필요한 것이 무엇인지를 발견해 보세요. 그리고 발견했다면 실행해 보세요. 작심삼일이 되지 않도록 바른 습관을 만들어 내는 것이 바로 리더가 지속해서 성장하는 방법입니다.

리더에게 필요한 집중 시간

리더에게는 리더의 시간을 지배하는 힘인 '집중 시간'이 필요합니다. 리더가 자기 계발 습관을 형성하고자 한다면 내가 하고자 하는 TO-DO 리스트를 작성하거나 그 시간 안에 집중할 수 있는 장치를 두는 것이 좋습니다. 포모도로(뽀모도로) 테크닉을 활용하거나 구글 타이머를 통해 시간의 흐름을 파악하는 것도 좋은 방법입니다.

포모도로 테크닉은 시간 관리 기술로 1980년대 프란체스코 시릴로가 개발했다고 알려져 있습니다. 포모도로는 이태리어로 토마토를 의미하는데, 시릴로가 토마토 모양의 요리용 타이머로 이 기법을 제안한 것에서 유래했다고 합니다. 이 포모도로 기법은 타이머를 활용하여 25분간 주요한 일에 집중하고 나머지 5분은 휴식을 취하는 단순한 기법입니다. 하지만 그 효과는 생각 이상으로 뛰어납니다. 짧은 시간이기 때문에 업무에 몰입하게 하고 집중력을 향상시키며 일을 시작하게 만드는 힘을 길러 줍니다. 휴대폰으로 시간을 설정하는 것보다 타이머 활용을 권장하는데, 그 이유는 시간의 흐름이 보이기 때문에 더 효과적으로 하고자 하는 일에 집중하게 만들기 때문입니다.

우리나라에는 2017년 tvN 〈행복 난민〉이라는 프로그램에서 덴마크 기업을 소개하며 포모도로 테크닉도 함께 선을 보였습니다. 덴마크의 한 회사는 포모도로 테크닉 기법을 활용하여 생산성을 높이고, 사무실 전광판에 붉은 표시가 된 구성원은 아무에게도 방해받지 않고 업무에 집중할 수 있다고 합니다. 업무 중 집중하는 이 시간은 단순히 개인의 자기 계발을 위해서가 아닌 업무의 효율을 높여 야근을 줄이고 시간을 효과적으로 사용할 수 있어 적용했다고 합니다. 기업에 적용하기는 어렵더라도 리더 개인 또는 구성원의 시간 관리를 위해 쉽게 적용해 볼 수 있는 방법입니다.

하루를 열심히 성실하게 보냈지만 중요한 일을 하지 못하고 하루가 지나갔던 경험이 있을 겁니다. 오늘의 가장 중요한 일, 이번 주에 가장 중요한 일, 이번 달에 가장 중요한 일 등 내가 어느 부분에 포커싱을 할 것인지에 대한 '집중 시간'을 통해 시간 전환 비용을 최소화할 수 있습니다. 다시 말해 미룰 수 있는 일이나 덜 중요한 일은 나중에 몰아서 한 번에 처리하는 것입니다. 그리고 지금 처리해야 하는 업무에만 집중해서 시간을 효율적으로 사용한다면 '집중해야 하는 중요한 일'을 위한 시간을 확보할 수 있습니다.

리더는 모든 면에서 완벽하지 않아도 됩니다. 완벽한 리더로서 실수 없이 팀을 이끌어 가고 싶을지도 모르지만, '완벽한 리더 밑에서 일하고 싶나요?'라는 질문을 받으면 선뜻 '그렇다'고 답을 하기는 어려울 것입니다. 〈하버드 비즈니스 리뷰〉의 연구 결과에 따르면 아무리 인정받고 성공해도 충분하지 않다는 느낌을 받는 완벽주의는 삶의 질을 떨어뜨리기도 하지만, 불안감으로 인해 일 중독으로도 이어집니다. 그래서 현실에서 완벽주의를 추구하는 리더는 팀원의 사기와 자존감을 떨어뜨려 팀에 부정적인 영향을 미치기도 합니다.

모든 일에 최선을 다하고 열심히 학습하며 본인이 학습한 내용을 주변에 전파하는 노력은 본(本)이 되는 부분이지만, 자신의 노력을 당연한 기준점으로 세워 남을 질타하고 소진된 구성원을 코칭과 피드백이라는 명분으로 억지로 이끌어 가는 것은 유의해야 합니다. 리더의 성장을 위한 노력은 매우 중요하지만, 이것을 어떻게 구성원에게 전달할 것인가는 또 다른 영역이기 때문입니다.

리더를 위한 질문

- 장기적으로 나아가고자 하는 방향은 무엇인가요? 그 방향으로 가기 위해 현재 부족한 점이나 배워야 할 것은 무엇이라고 생각하나요?

- 지난 1년간 스스로의 성장을 위해 구체적으로 어떤 노력을 얼마나 했나요?

- 리더로서의 역량이 구성원의 성장에 충분히 기여하고 있다고 느끼나요?

- 만약 다시 구성원이 된다면 현재의 업무를 수행할 자신이 있나요?

- 하루 중 중요한 일을 위해 집중하는 시간은 몇 시간인가요? 가장 몰입이 잘 되는 시간대를 알고 있나요?

- 중요하거나 계획했던 일을 하지 못하고 지나가는 날이 한 달 중 몇 일이나 되나요?

- 새로운 기술, 산업 트렌드 또는 리더십 접근법에 대해 배우고 적용하기 위해 노력하고 있나요?

05
chapter

회복탄력성

리더의 회복탄력성이
리더십을 강화한다

회복탄력성, 리더의 버퍼링 방지 아이템

회복탄력성이라는 말은 과거 버티는 것이 미덕이었던 K-직장인에게 '잘 버티고 이겨 내는 것도 결국 다시 일어날 힘의 정도에 따라 다르다'는 점을 알려 주었습니다. 회복탄력성이란 말 그대로 어려움을 겪은 후에도 '회복'하는데 '탄력'이 있어 다시 원래의 상태로 돌아올 수 있는 내적인 힘을 뜻합니다. 반대로 탄력이 떨어지면 회복 속도가 느려지고, 심한 경우 번아웃으로 이어질 수 있다는 의미이기도 합니다.

누군가는 사무실을 나서는 순간 하루 동안의 스트레스를 금세 털어 내고 직장과 개인을 분리합니다. 하지만 또 다른 누군가는 술자리에서 힘들었던 하루를 곱씹고 심지어 그날의 스트레스를 집으로까지 가져가기도 합니다. 이들의 차이는 결국 회복탄력성에서 비롯됩니다.

회복탄력성은 일반적으로 스트레스, 도전적인 상황, 다양한 역경과 실패를 도약의 발판으로 삼아 더 높이 뛰어오를 수 있는 마음의 근력을 의미합니다. 다시 말해 역경을 딛고 이겨 내는 힘이라 할 수 있습니다. 비유하자면 오랜 시간이 지나 바람이 빠져 잘 튀지 않는 공이 원래의 탄력을 되찾아 높게 튀어 오르는 모습과 같습니다.

회복탄력성은 휴대폰 배터리로 쉽게 이해할 수 있습니다. 출근길에 배터리가 가득 충전된 휴대폰은 우리의 마음을 편안하게 만들어 줍니다. 오늘 하루 동안 배터리가 잘 버텨 줄 거라 믿기 때문이죠. 반대로 배터리가 충분하지 않으면 마음이 조급해지고 하루 종일 배터리 잔량을 신경 쓰게 됩니다.

특히 중요한 미팅이 있거나 휴대폰을 사용할 일이 많은 날에는 어떤가요? 평소보다 SNS나 영상을 덜 보는 등 최대한 배터리를 아끼기 위한 노력을 하게 됩니다. 그래서 매일 휴대폰을 충전하고 배터리 잔량을 확인합니다. 사용할 일이 많을 것 같으면 보조 배터리까지 챙깁니다. 휴대폰도 이렇게 신경 쓰면서 정작 자기 자신은 어떻게 관리하고 있나요?

> **"**
> ### 리더인 당신의 내면 배터리는
> ### 지금 몇 퍼센트인가요?
> **"**

사람의 몸은 에너지 체계로 이루어져 있어서 하루 동안 쌓인 피로는 수면으로 에너지를 보충하며 다음 날 다시 살아갈 힘을 얻게 됩니다. 종종 '기가 빠진다' 혹은 '기가 빨렸다'는 표현을 사용하곤 합니다.

에너지를 채우는 방법은 사람마다 다릅니다. 누군가는 잠을 자며 또 다른 누군가는 친구와의 대화나 맛있는 음식으로 기운을 되찾습니다. 중요한 점은 에너지가 고갈된 상태를 스스로 인지하고 충전하려는 노력이 필요하다는 것입니다.

리더의 에너지는 단순히 본인만의 문제가 아닙니다. 본인을 넘어 주변 사람에게 전염되기 때문입니다. 리더가 회의실에서 다소 불안하고 초조한 모습을 보인다면 그 감정은 팀원에게도 쉽게 전염됩니다. 반대로 리더가 차분하고 여유로운 태도를 보이면, 팀원들도 자연스레 긴장감을 내려놓고 업무에 집중할 수 있습니다.

미국 하트매스연구소의 연구에 따르면, 심장은 전자기장을 가지고 있어서 주변의 2.5~3미터까지 영향을 미칩니다. 심장에서 나오는 에너지는 우리 뇌와 신체뿐만 아니라 주변 사람에게 전달될 수 있다는 것입니다. 불안해 하는 사람 곁에 있으면 함께 불안해지고, 반대로 편안한 사람 옆에는 안정을 느껴 본 적이 있을 겁니다. 리더는 특히 팀원에게 에너지를 전파하는 중요한 역할을 합니다. 그래서 스스로 에너지를 채우고 관리하는 것이 무엇보다 중요합니다.

> **리더인 당신은 지금 어떤 에너지를
> 전파하고 있나요?**

주변을 둘러보면 회복탄력성이 높은 사람과 그렇지 않은 사람을 쉽게 발견할 수 있습니다. 학창 시절에 성격이 밝고 친구들을 잘 챙기며 공부까지 잘했던 친구들은 자연스럽게 리더가 됩니다. 직장에서도 비슷합니다. 회복탄력성이 높은 사람들은 항상 밝게 웃으며 주위 사람에게 신뢰를 줍니다. 중요한 업무를 맡겨도 어려운 상황에서도 긍정적인 태도를 보이며, 중대한 발표나 행사를 맡아도 긴장한 내색 없이 해내는 모습을 보이기도 합니다. 미국의 학자 에미 워너와 루스 스미스 교수팀이 연구한 회복탄력지수Resilience Quotient, RQ에 따르면, 회복탄력성이 높은 사람들은 다음과 같은 일곱 가지 특징을 가지고 있다고 합니다.

❶ 감정을 통제할 줄 안다.
❷ 충동을 잘 참는다.
❸ 문제가 발생하면 원인을 정확히 진단해서 해결한다.
❹ 다른 사람의 말과 상황에 공감하는 능력이 뛰어나다.
❺ 한계를 뛰어넘는 도전성이 있다.
❻ 할 수 있다는 자신감이 크다.
❼ 어떠한 상황에서도 낙관적으로 생각한다.

아무리 회복탄력성이 높은 사람이라도 가끔은 아무 생각도 하고 싶지 않다거나 오늘 하루는 너무 피곤하다고 느낄 때가 있습니다. 이럴 때 평소에는 하지 않던 실수를 하거나 상대방에게 예민하게 반응하고 중요한 일을 놓칠 수도 있습니다. 특히 감당하기 어려운 업무량이나 관계 문제, 심적인 부담감이 큰 업무 환경에서는 상황이 더 악화될 수 있습니다.

일과 후에도 자신을 돌아보고 마음을 다스릴 시간을 가지지 못한 채 개인적인 시간마저 업무와 관련된 고민으로 보내고 있다면, 이는 회복탄력성이 떨어진 상태의 신호일 수 있습니다.

그러나 고용량 배터리가 저용량 배터리보다 오래 가듯이 회복탄력성이 높은 사람은 힘든 상황에서도 에너지가 덜 방전되고 더 빠르게 회복합니다. 그래서 회복탄력성은 한번 결정되면 영원히 지속되는 것이 아니라 운동처럼 꾸준히 관리해야 하는 것입니다. 자신의 상태를 수시로 점검하고 평정심을 유지하며 내면의 평안을 찾는 노력이 필요합니다.

> **"**
> ### 리더인 나의 회복탄력성은
> ### 지금 높은 상태인가요?
> **"**

직장인이라면 누구나 힘든 하루를 보내지만, 리더는 더 큰 부담감과 책임감을 짊어질 수밖에 없습니다. 리더는 자신만 잘하면 되는 위치가 아니기 때문입니다. 결과를 책임지고 조직을 이끌며 성과로 가치를 증명해야 합니다.

또한 상위 직급자에게 인정받아야 하는 책무까지 있습니다. 팀 성과는 곧 팀원의 평가와도 연결되므로 리더는 하루, 한 주, 한 달, 분기를 계획하며 연말의 성과와 장기적인 사업 목표까지 고민하게 됩니다. 중요한 비즈니스 거래를 앞둔 리더라면, 성공과 실패의 책임을 떠안으며 여러 가지 계획과 플랜 B를 준비해야 합니다. 이러한 부담감은 자연스럽게 리더의 회복탄력성에 큰 영향을 미칩니다.

최근 들어 많은 팀원이 리더 역할을 맡는 것을 꺼립니다. 과거와 달리 조직에 대한 충성보다는 개인의 삶을 더 중요하게 여기기 때문입니다. MZ세대의 특성으로 치부할 수도 있지만 사실 기성세대의 구성원도 유의미한 변화를 보여 주고 있습니다.

기업들의 직급 구조가 역피라미드 형태로 바뀌며 구성원은 점점 더 나이가 많고, 경험이 풍부해지고 있습니다. 이런 상황에서 소위 '일을 잘하는' 사람이 리더로 발탁되곤 하지만, 이들은 '팀의 업무를 이끌어가는 리더'가 아니라 '팀의 업무를 수행하는 리더'로 전락할 때도 있습니다.

조직 내에 세대 차이가 크거나 팀원이 많을수록 조직 관리가 쉽지 않습니다. 특히 부정적인 팀원, 팀원 간 불화, 각자도생식의 개인주의 등 다양한 문제가 발생할 수 있습니다. 이런 상황에서 리더는 큰 그림을 보지 못하고 눈앞의 문제 해결에만 에너지를 소모하게 될 가능성이 큽니다. 또한 리더가 정치적인 압박을 받는 상황에 놓여 있다면, 팀은 건강한 상태더라도 리더 본인은 건강하지 못할 수도 있습니다.

리더의 생동감 있는 리더십의 열쇠, 회복탄력성

미국 회복탄력성 센터를 창립한 게일 M. 와그닐드 박사는 회복탄력성이 단순히 역경을 극복하는 힘이 아니라 활기차고 생동감 있게 주도적으로 삶을 이끌어 가는 능력이라고 정의했습니다. 리더에게 회복탄력성은 단순히 주어진 역할을 수행하며 다양한 난이도의 직무와 과제를 해결하는 것에서 끝나지 않습니다. 조직에 활력을 불어넣고 성취감을 느끼며 성과를 창출하는 능력이기도 합니다. 중요한 프로젝트를 성공적으로 마친 리더는 팀원에게 긍정적인 에너지를 전파하며 더 큰 목표를 향해 나아갈 동력을 제공합니다.

만약 조직의 상황으로 인해 리더가 자신의 에너지를 충전하지 못하고, 팀에 활력을 불어넣을 여력이 없다면 어떻게 될까요? 이런 팀은 점차 수렁에 빠질 위험이 큽니다. 구성원에게 '리더의 문제'를 탓하는 것이 팀을 살리기 위한 책임감을 느끼는 것보다 훨씬 쉬운 일이기 때문입니다.

'블라인드'와 같은 플랫폼에서 리더에 대한 불만이 얼마나 많은지 쉽게 확인할 수 있습니다. 만약 불만 게시물의 주인공이 자신임을 깨닫는다면 해당 리더는 자신이 해 온 많은 일들을 되돌아보며, 심리적으로 위축될 가능성이 큽니다. 따라서 생동감 있고 성장하는 팀을 이끌기 위해서는 무엇보다 리더 자신의 회복탄력성이 중요한 열쇠가 됩니다.

미국 심리학회에서 말하는 회복탄력성의 특성을 기반으로 볼 때 높은 회복탄력성을 가진 리더는 다음과 같은 특징을 가지고 있습니다.

> **❶ 현실적이고 구체적인 계획을 세워 조직을 이끕니다**
> 프로젝트 진행 중 예기치 못한 문제가 발생하더라도 빠르게 대안을 제시할 수 있습니다.

> ❷ 자신의 강점, 능력에 대한 긍정적 태도와 경험으로 구성원에게 확신을 줍니다
>
> 리더의 전문성이 구성원에게 신뢰를 형성합니다.
>
> ❸ 긍정성과 낙관성을 바탕으로 원활한 의사 소통과 문제 해결 능력을 가집니다
>
> 어려운 상황에서도 '우리가 해결할 수 있다'는 희망적인 메시지를 전달합니다.
>
> ❹ 감정을 이해하고 조절하며 구성원을 이끌어가는 능력을 발휘합니다
>
> 감정적으로 격해진 상황에서도 침착함을 유지하며 팀원들을 격려합니다.

회복탄력성이 높은 리더는 어려운 상황 속에서도 조직을 성공적으로 이끌며 팀의 성과를 창출합니다.

> **"**
> **팀에 긍정적인 영향을 미치고 있나요?**
> **VS 팀에 부정적인 영향을 주고 있나요?**
> **"**

회복탄력성이 저하된 리더는 다음과 같은 특징을 보일 수 있습니다. 혹시 지금 나의 상태에 해당하지는 않는지 점검해 보세요.

이런 상태의 리더는 팀을 '이끌어 가는' 것이 아니라 팀에 '이끌려 가는' 상황에 놓이게 됩니다. 회복탄력성이 부족한 리더는 종종 팀원의 자존감을 꺾는 언어를 사용할 가능성이 크고 구성원의 자존감을 낮추는 일들이 많아질 수 있습니다. 불필요한 비난이나 냉소적인 태도는 팀원이 자유롭게 의견을 표현하지 못하게 만들고, 결국 수용의 가면을 쓴 불만을 쌓게 만듭니다. 이런 상황이 반복되면 구성원은 리더에 대한 신뢰를 잃고 자존감이 낮아질 것입니다.

> **"**
>
> ## 팀을 이끌고 있나요?
> ## VS 팀에 이끌려 가고 있나요?
>
> **"**

현재 회복탄력성이 높은 상태라고 해서 그 수준이 항상 유지되는 것은 아닙니다. 개인의 노력과 상황에 따라 회복탄력성은 더 좋아지기도 하고 낮아지기도 합니다. 여기서 중요한 것은 회복탄력성이 떨어질 때도 다시 올릴 수 있는 힘을 가지고 있는가입니다. 그래서 무엇보다 자신의 상황과 상태를 정확히 인식하는 것이 필수적입니다. 리더로서 자신의 회복탄력성을 주기적으로 점검하고 부족한 부분을 보완하는 노력을 꾸준히 이어가는 것이 중요한 이유가 여기에 있습니다.

리더의 회복탄력성! HOW TO UP & DOWN

미국의 심리학자 마틴 셀리그먼은 회복탄력성을 방해하는 요소로 세 가지를 뽑았습니다.

첫째, 개인화Personalization입니다. 현재 상황을 내 탓으로 돌리는 태도를 말합니다. 프로젝트 실패를 두고 '내 잘못이야, 내가 부족해서 일이 이렇게 됐어'라고 자신을 탓하는 것입니다. 이런 사고는 상황을 객관적으로 바라보지 못하게 하며 자신을 자책으로 몰아넣어 회복탄력성을 떨어뜨립니다. 감정에 사로잡혀 자신을 비난하는 이 과정은 '우리 조직은 무엇을 해도 안 될 거야'라는 부정적 사고로 이어질 수 있습니다.

둘째, 침투성Penetrability입니다. 현재의 일이 삶 전반에 부정적 영향을 미친다고 여기는 태도입니다. 업무에서의 실패를 개인적 삶의 모든 영역으로 확장하며 '나는 이제 끝났어'라거나 '다시 일어설 수 없어'라는 절망감으로 번지는 것입니다. 업무와 개인의 삶을 분리하지 못하면 부정적인 감정이 일상을 잠식하게 됩니다.

셋째, 영속성Permanence입니다. 현재의 부정적인 상황이 끝없이 지속

될 것이라고 믿는 태도입니다. 현재의 어려움을 극복하기 힘들다고 생각하며 이 상황은 영원히 바뀌지 않을 거라고 단정 짓는 것입니다. 하지만 모든 상황에는 끝이 있습니다. 지금 겪고 있는 문제도 영구적이지 않다는 점을 명심해야 합니다.

심리학자 조앤 보리센코는 피해의식을 줄이기 위해 용서의 힘을 강조합니다. 실제로 본인의 잘못으로 문제가 발생했더라도 자신을 비난만 하기보다는 용서하고 현재 상황을 수용해야 합니다. 이미 일어난 일을 돌이킬 수는 없습니다. 과거를 바꾸려 애쓰는 대신 미래를 개선하기 위해 노력하는 것이 중요합니다. 세대 간 차이가 큰 조직 안에서도 모든 사람의 니즈를 충족시키거나 모두를 만족시키는 것은 불가능하다는 점을 받아들여야 합니다. 각기 다른 경험과 욕구를 가진 사람들과 함께 일하는 리더는 완벽한 리더가 되려는 부담에서 벗어나야 합니다. 지금 상황에서 긍정적 요소를 찾아내고 문제를 해결하기 위한 현실적 노력을 기울이는 것이 핵심입니다. 그렇다면 회복탄력성을 높이는 솔루션은 무엇일까요?

❶ 자신의 강점 발견하기

자신의 강점을 인정하고 긍정적인 메시지를 보내는 연습을 해 보세요. '나는 팀을 이끄는 데 필요한 능력을 충분히 갖추고 있어'라는 격려를 자신에게 전하는 겁니다. 자신을 격려하며 나를 믿는 태도가 중요합니다. 나의 강점을 인지하고 약점을 보완하는 과정은 회복탄력성을 높이는 기본입니다.

❷ 감사일기 쓰기

문제가 발생한 원인과 과정을 되짚어 보며, 실패 속에서도 감사한 점을 찾아보세요. 예를 들어, '프로젝트가 잘 되진 않았지만, 팀원들이 끝까지 협력해 준 점이 감사하다'는 시각은 긍정적인 변화를 시작하는 힘을 줍니다.

❸ 평정심 유지하기

감정적 동요를 피하려고 깊고 안정적인 호흡을 연습해 보세요. 아무리 위급한 상황이 있다고 해도 긴 호흡을 통해 심장의 박동을 안정시키면 이성적인 판단을 내리는 데 도움이 됩니다. 힘든 상황에서도 침착함을 유지하며 상황을 직시하는 능력이 회복탄력성의 기초라는 사실을 잊지 마세요.

❹ 평소의 내 모습, 루틴과 일상을 유지하기

힘든 상황일수록 평소의 생활 습관을 유지하세요. 힘든 상황이 닥치면 아무것도 하고 싶지가 않아요. 이때 운동이나 취미 등 평소에 해 오던 활동을 중단하지 않는 것이 중요합니다. 어떤 상황이든 멈추지 마세요. 일상의 흐름을 유지하는 것이 스트레스에서 회복하는 출발점입니다.

리더의 스트레스를 관리해야 한다

살면서 스트레스를 한 번도 받지 않은 사람이 있을까요? 누군가 '요즘 어때요?'라고 물었을 때, '스트레스 장난 아니에요'라는 말을 한번쯤 해보았을 겁니다. 갤럽의 〈2023 세계 직장 현황〉 보고서에 따르면, 전 세계 직장인의 44%가 전날 많은 스트레스를 겪었다고 합니다. 이 수치는 매년 상승하고 있어 직장인 스트레스의 심각성을 보여 줍니다. 국내에서는 스트레스를 겪었다고 응답한 비율이 약 40%였으며, 일하면서 '화가 많이 났다'고 응답한 비율은 17%에 달했습니다. 주변의 많은 직장인이 스트레스 속에서 일하고 있다는 것을 의미합니다.

스트레스는 가슴이 답답하거나 쫓기는 듯한 기분, 머릿속에 가득 찬 생각, 이로 인한 짜증, 걱정, 불안, 무기력 또는 절망감을 동반합니다. 업무 마감 기한이 다가올 때 느끼는 긴장감이나 구성원과의 갈등이 스트레스를 유발할 수 있습니다. 한마디로 스트레스의 핵심은 '감정적인 불편함'이라고 할 수 있습니다.

스트레스의 총량을 정확히 계산할 수는 없지만, 적당한 스트레스는 성장과 발전의 동력이 될 수 있습니다. 상사의 피드백이 스트레스를 유발할 수는 있지만 이를 통해 조금 더 긴장하고 보다 나은 결과를 만들기 위한 동기부여가 될 수 있습니다. 반대로 상사의 피드백을 긴장으로 받아들이지 않는다면 개선과 성장이 없을 것이며, 심각한 경우 조직에 손해를 끼칠 수 있습니다.

스트레스의 원인은 크게 외부적 요인과 내부적 요인으로 나눠 볼 수가 있습니다. 외부적 요인은 경쟁이 치열한 업무 환경, 무례하거나 불쾌한 태도를 보이는 상대, 결과에 대한 막중한 책임 등이 있습니다. 프로젝트 마감일이 임박한 상황에서 구성원이 맡은 업무를 완수하지 못했다면 이러한 상황은 스트레스의 외부적 요인이 됩니다.

내부적 요인은 스트레스를 유발하는 자극에 대한 개인의 반응을 의미합니다. 같은 상황에서도 누군가는 침착하게 대처하지만, 누군가는 쉽게 불안해 합니다. 사람마다 반응은 다 다릅니다. 누군가는 커피 한 모금에도 잠을 설치지만, 누군가는 커피 몇 잔을 마셔도 아무렇지 않습니다. 마찬가지로 같은 업무를 하더라도 누군가는 짜증을 내고, 누군가는 해결책을 찾기 위해 집중합니다.

자신의 상태를 돌아보세요. 그리고 자신에게 다음 질문을 던져 보세요.

스트레스의 강도도 중요하지만, 현재 자신이 스트레스를 견딜 수 없는 상태라면 사소한 자극에도 과도하게 반응할 가능성이 큽니다. 사무실에서 동료가 던진 무심한 한마디가 유난히 날카롭게 느껴진다면, 현재 스트레스가 아주 높은 상태를 의미하는 것일 수 있습니다.

스트레스로 인한 탈진은 생각보다 흔합니다. 몇 달 동안 지속된 야근과 초과 근무를 떠올려 보세요. 매일 늦게 퇴근하고 이른 아침에 출근해야 한다면, 몸은 이미 한계에 가까워졌을 것입니다. 일시적인 스트레스라면 충분한 휴식을 통해 회복할 수 있겠지만, 장기적으로 지속된다면 몸은 물론 마음까지도 탈진 상태가 될 수 있습니다.

감정적인 스트레스는 더 위험합니다. 프로젝트를 진행하는 동안 동료의 비난이 계속된다면, 단순히 몸의 피로를 넘어 마음까지도 지칠 수 있습니다. 이러한 감정적 스트레스는 가족이나 친구와 나누기보다는 혼자 해결하려는 경향이 강합니다. 결국 고립을 선택하며 감정적 탈진으로 이어질 가능성이 큽니다.

감정의 중요성을 인식해 보세요. 스트레스의 핵심은 감정적인 불편함입니다. 스트레스를 받으면 걱정, 염려, 불안, 두려움 등 부정적인 감정이 폭발적으로 증가합니다. 상사의 갑작스러운 비난을 받은 후 온종일 그 말을 되새기며 마음이 불편했던 경험이 있을 것입니다. 이러한 부정적인 감정은 몸의 에너지를 소모하고, 상황을 객관적으로 바라보는 능력을 떨어뜨립니다.

그렇다면 리더의 스트레스와 구성원의 연결고리는 어떨까요? 당연하게도 리더의 스트레스는 구성원에게도 영향을 미칩니다. 리더가 메신저에 짜증 섞인 타자를 치거나 회의에서 한숨을 내쉰다면, 구성원은 눈치를 보게 됩니다. 결국 팀의 분위기까지 침체하며 조직의 성과에 부정적인 영향을 미칠 수 있습니다. 혹시 리더인 당신은 지금의 부정적인 감정을 구성원에게 전염시키고 있지 않는지 돌아보세요.

스트레스를 받을 때 어떻게 반응하나요? 구성원 중 누군가는 피드백을 받으면 반박하며 싸우려 들고, 또 누군가는 휴게실로 도망가 자리를 비우기도 합니다. 어떤 사람은 아무런 반응 없이 가만히 듣기만 하다가 떨리는 목소리로 대답할 수도 있습니다. 리더인 당신은 스트레스 상황에서 어떤 모습을 보이는지 스스로 인식하고, 스트레스가 팀과 자신에게 미치는 영향을 점검해 보세요. 지금의 작은 변화가 당신과 팀의 미래를 바꿀 수 있기 때문입니다.

스트레스, 스트레스, 스트레스

극심한 스트레스 상황에서는 우리의 뇌가 생존 본능에 따라 작동합니다. 흔히 '파충류의 뇌'라고 불리는 뇌간이 활성화되며, 생존을 위해 호흡, 맥박 등을 유지하는 데 혈류가 집중됩니다. 이성적인 판단을 담당하는 전두엽까지 충분한 혈류가 가지 않아 명료한 사고가 어려워집니다. 예상치 못한 일을 겪거나 스트레스 상황에 놓이면 스트레스 호르몬인 아드레날린과 코르티솔이 분비됩니다. 혈압과 혈당이 올라가고 맥박이 빨라지며 사고 기능이 제대로 작동하지 않아 감정적으로 과민해지거나 평소 하지 않을 행동을 하게 됩니다.

스트레스가 지속되면 '감정의 호흡곤란'을 경험하게 됩니다. 이는 물리적인 호흡곤란과 유사한 감정적 답답함으로, 숨이 막힐 것 같은 긴박한 상황에서 자신을 방어하려는 행동이 나타나게 됩니다. 이런 상태에서는 이성적인 판단이 어려워지고, 자신도 이해할 수 없는 행동을 하거나 후회할 일을 저지르기도 합니다. 세면대 배수구가 막혀 물이 역류하는 모습을 떠올려 보세요. 스트레스를 소화하지 못하고 쌓아 둔다면 우리의 감정도 이와 비슷한 상태가 됩니다. 작은 문제에도 과도하게 화를 내거나 격한 반응을 보인다면, 내면에 쌓인 부정적인 감정의 신호일 수 있습니다.

> **리더인 당신은 감정의 호흡곤란을 겪은 적이 있나요?**

리더인 당신은 특히 더욱더 평소의 감정 상태에 대해서 인식하고 생각해 봐야 합니다. 스트레스와 회복탄력성과 업무 수행의 관계는 아주 밀접하기 때문입니다.

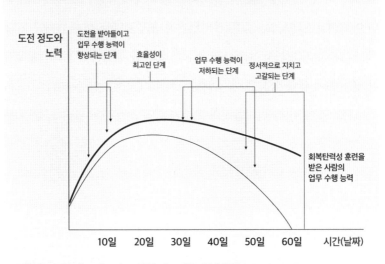

스트레스와 회복탄력성과 업무 수행의 관계

도전 정도와
노력

도전을 받아들이고
업무 수행 능력이
향상되는 단계

효율성이
최고인 단계

업무 수행 능력이
저하되는 단계

정서적으로 지치고
고갈되는 단계

회복탄력성 훈련을
받은 사람의
업무 수행 능력

10일 20일 30일 40일 50일 60일   시간(날짜)

출처 《Personal Resilience Mentoring guide》, Institute of HeartMath, 2014

핀란드 알토대학교 라우리 눔멘마아 교수팀이 여러 가지 감정 상태
에 따른 신체 감각의 변화 지도를 완성해서 발표했습니다. 감정은 우리
의 신체 반응과 직접적으로 연결되어 있습니다. 연구에 따르면, 화가 날
때 가슴 윗부분과 양손에 감각과 에너지가 증가한다고 합니다. 이는 화
가 날 때 주먹을 불끈 쥐고 주먹이 먼저 나가는 행동을 설명해 줍니다.
또한 수치심이나 부끄러움을 느낄 때는 눈과 얼굴, 가슴에 에너지가 몰
리며 절망감을 느낄 때는 온몸의 에너지가 식어 버립니다.

반대로 자부심이나 뿌듯함을 느낄 때는 가슴과 얼굴이 따뜻해지는
감각이 증가합니다. 그래서 우리는 자부심을 느낄 때 '가슴이 벅차오른

다'고 표현하기도 합니다. 지속적인 스트레스 상태로 슬프거나 절망하거나 두려움, 경멸, 수치심 등의 작고, 큰 부정적인 감정 상태가 지속되고 있다면 내 몸의 에너지가 어떤 모습일지 상상해 보길 바랍니다.

물론 회복탄력성이 높은 사람이라고 해서 스트레스를 받지 않는 것은 아닙니다. 다만 스트레스를 받았을 때 무너지지 않고 극복할 힘과 잠재력을 가지고 있습니다. 그러나 지속적이고 강한 스트레스가 이어지면 회복탄력성이 높은 사람이라도 어려움을 느낄 수 있습니다. 그래서 휴식과 재충전은 매우 중요합니다.

스트레스를 관리하는 방법

리더는 구성원의 상태를 살피는 동시에 자신을 돌볼 책임도 있습니다. 감정적으로 지친 상태를 방치하면 스트레스는 결국 잘못된 행동이나 언어로 표출될 가능성이 큽니다. 이를 방지하려면 몇 가지 간단한 관리 방법을 실천할 수 있습니다.

❶ 감정을 알아차리고 인정하기
스트레스를 받은 상태에서 감정을 억누르는 것은 감정을 다스리는 것이 아닙니다. 감정을 인식하고 말로 표현하는 것이 스트레스 조절의 시작입니다. '지금 내가 짜증이 나는 이유는 무엇일까?'라고 자신에게 질문하며 감정을 객관화해 보세요.

❷ 호흡에 집중하기

가장 간단하면서도 효과적인 방법은 심장 호흡법을 사용하는 것입니다. 심장 주위에 집중하며, 심장을 통해 숨을 들이쉬고 내쉬는 상상을 하세요. 손을 가슴 위에 올리면 더 쉽게 집중할 수 있습니다. 5~6초 동안 천천히 숨을 들이마시고, 5~6초 동안 내쉬는 것을 반복하며 마음의 평정을 찾아보세요. 중요한 미팅 전이나 스트레스가 극심할 때 이 방법을 실천하면 큰 도움이 됩니다.

❸ 머리와 가슴을 조화시키기

우리의 몸은 생각에 따라 반응합니다. 부정적인 생각을 깨닫고 의도적으로 긍정적인 생각으로 전환해야 합니다. 예를 들어 이 문제는 절대 해결되지 않을 거라는 생각을 한 단계씩 해결해 나가면 분명히 길이 보일 거라고 바꿔서 생각해 보세요. 이를 통해 감정과 생각이 조화를 이루고, 스트레스를 긍정적으로 극복할 수 있습니다.

❹ 휴식과 재충전하기

지속적인 스트레스로 인해 탈진하기 전에 자신만의 휴식 루틴을 만들어 보세요. 좋아하는 취미 활동, 산책 또는 짧은 명상이 효과적일 수 있습니다. 하루 10분씩 자신만의 시간을 가지며 스트레스를 해소하는 습관을 들이는 것이 중요합니다.

스트레스는 누구나 받지만, 리더의 스트레스는 조직 전체에 영향을 미칩니다. 감정이 고갈되면 언어와 행동이 부정적으로 나타나고, 구성원에게 전염됩니다. '내가 지금 팀에 어떤 에너지를 전하고 있는가?'를 자문하며, 스트레스가 팀에 미치는 영향을 주의 깊게 살펴보세요. 스트레스는 단순히 극복해야 하는 문제가 아니라 삶의 일부로 관리해야 하는 요소입니다. 오늘부터 작은 변화로 자신의 스트레스를 다스리는 연습을 시작해 보세요. 그것이 당신과 조직 모두에게 긍정적인 변화를 가져올 것입니다.

한계를 넘어야
진짜 리더입니다

리더십에는 긍정적인 면과 부정적인 면이 공존합니다. 완벽주의 리더십은 결과물의 완성도를 높이고 디테일한 성과를 도출하지만, 과도한 피드백과 지속적인 의견 개진으로 팀원들의 의욕을 떨어뜨릴 수도 있습니다. 강점이 분명한 리더십도 언제나 한계를 가질 수밖에 없습니다. 지금 어떤 리더십을 발휘하고 있나요?

> "
> 나는 어떤 리더일까?
> 어떤 리더가 되고 싶었을까?
> "

리더 역할을 오랫동안 수행하며 좋은 평판을 쌓아 온 리더도 새로운 도전이나 변화 앞에서는 약점이 부각될 수 있습니다. 주위에서는 이를 쉽게 말해 주지 않고, 리더 자신도 약점을 합리화하거나 강점을 과소평가하는 경우가 많습니다. 그러나 기억하세요. 완벽한 리더는 없습니다. 한계를 극복하고 성숙한 리더로 거듭나는 과정에서 시행착오와 실패는 불가피합니다. 단지 실패가 아니라 더 단단한 리더로 성장해 가는 여정일 뿐입니다.

단 한 번의 실패도 없이 존경받는 리더는 없습니다. 모든 리더는 시행착오를 통해 자신의 리더십을 다듬고 성장하며 진정한 리더로 거듭납니다. 중요한 것은 완벽함이 아니라 회복력입니다. 실패라고 느껴질지라도 어떻게 해석하고 무엇을 배울지 고민하는 과정에서 리더십의 크기가 결정됩니다. 어려운 상황에 있다면 도움을 청하세요. 많은 리더가 자신의 문제를 혼자 해결하려 하지만, 주변의 도움과 조언은 귀중한 심리적 자산이 될 수 있습니다. 스스로 외로운 리더가 되기를 자청하지 마세요.

> **"**
> ### 당신은 넘어짐을 용서하고
> ### 일어날 수 있는 용기가 있나요?
> **"**

몸이 아플 땐 병원에 가는 것처럼, 마음이 불편할 땐 내면을 치유할 방법을 찾아야 합니다. 새롭게 도전할 용기는 나에게 집중하고, 활력을 불어넣는 과정에서 생깁니다. 새로운 사람을 만나거나 땀 흘리는 활동으로 잠시 스트레스 상황에서 벗어나는 것도 좋은 방법입니다. 하지만 하루 대부분을 직장에서 보내는 현대인의 현실에서는 직장 내에서도 충전과 휴식을 찾아야 합니다. 직장에서 스트레스와 건강을 관리하기 위한 다양한 복지제도가 도입되고 있습니다.

❶ 동호회 활동

취미를 공유하며 업무 외적으로 친밀감을 형성할 기회를 제공합니다. 목공, 향수 만들기 등 새로운 활동은 도전과 성취감을 선사하며 회사에 대한 소속감을 높여 줍니다.

❷ 학습 기회

어학 강의, 이러닝 콘텐츠 등을 통해 지식과 리더십을 확장하세요. 짧은 강의 하나가 새로운 관점을 제시할 수 있습니다.

❸ 운동 지원 프로그램

건강한 신체는 건강한 정신의 기본입니다. 헬스장 연계 프로그램 등 운동 지원 프로그램을 활용하여 땀을 흘리며 스트레스를 해소하세요.

❹ 안마 케어

피로 회복과 스트레스 관리에 효과적인 마사지 프로그램은 몸의 긴장감을 풀어 주어 업무 집중을 더 높여 줄 수 있습니다.

❺ 양호실 및 심리 상담실

육체적, 정신적 피로 모두를 관리할 수 있는 공간을 활용해 보세요. 필요하면 전문가의 도움을 받는 것도 좋은 방법입니다.

이 모든 제도는 신청하고 참여해야만 의미가 있습니다. 용기를 내서 경험해 보세요. 리더가 먼저 경험하고 직원들에게 권한다면 더 큰 긍정적인 영향을 줄 수 있습니다.

성장 마인드셋 : 회복력의 핵심

리더로서 회복력을 키우는 데에는 성장 마인드셋Growth Mindset이 중요합니다. 스탠퍼드대학교 심리학과 교수인 캐럴 드웩의 이론에 따르면 성장 마인드셋을 가진 사람은 능력이 노력과 학습을 통해 발전할 수 있다고 믿습니다. 반면 고정 마인드셋Fixed Mindset을 가진 사람은 능력이 고정되어 있다고 믿으며 도전을 회피합니다.

> ❶ 성장 마인드셋 : 실패를 학습 일부로 받아들이고 이를 통해 성장의 기회를 모색합니다. 자기 능력과 성공은 노력과 학습을 통해 발전할 수 있다고 믿는 사고방식으로, 학습과 경험을 통해 새로운 기술을 습득하고 능력을 향상시키는 것을 중요하게 여깁니다. 그래서 실패를 긍정적인 경험으로 바라보며 자신의 자신감을 키우기 위해 노력합니다. 성장 마인드셋을 가진 사람들은 실패와 위기를 극복하는 힘이 있어요.
> ❷ 고정 마인드셋 : 실패를 능력의 한계로 여겨 도전을 기피합니다. 인간의 능력은 태어날 때부터 정해져 있다는 믿음으로 특정한 영역에서 이미 한계에 도달해서 변할 수 없다고 생각합니다. 실패를 자기 능력의 한계로 받아들여서 아예 극복하려는 시도조차 하지 않습니다. 고정 마인드셋을 가지면 장기적으로 개인의 발전을 저해하는 요인이 됩니다.

"
어떤 마인드셋을 가지고 있나요?
"

고정 마인드셋을 가진 리더는 흔히 뛰어난 능력과 실력을 갖추고 있지만, 그들의 사고방식이 조직 내 긍정적인 변화를 가로막을 때가 많습니다. 이들은 출신학교나 직장 이력 등 외적인 요소로 사람의 능력을 판단하거나 상대방의 노력으로 인한 성장 가능성을 간과하곤 합니다. 고정 마인드셋의 리더는 건설적인 피드백조차 개인에 대한 비판으로 받아들여 방어적인 태도를 보이기 때문에, 팀원들이 자유롭게 의견을 나누거나 충언하기 어려워집니다. 또한 실패를 두려워하여 자신이 잘하는 일만 고수하고 새로운 도전을 회피하는 경우가 많습니다. 이런 리더는 자연스럽게 조직 내 소통의 단절을 초래하며 팀원들로부터 거리감을 느끼게 합니다.

자신에게 한 번 물어보세요. 나는 어떤 리더인지를 말입니다. 혹시 주변 쓴소리에 예민하게 반응하며 자신만이 모든 것을 이끌어야 한다고 생각하는 리더가 있지는 않나요? 구성원을 동료가 아니라 가르쳐야 할 대상으로만 여긴다면, 이는 고정 마인드셋의 영향일 수 있습니다. 또한 자신에 대한 구성원의 불편함을 그저 당연하다고 여기는 태도는 본인의 성장뿐만 아니라 조직의 발전에도 걸림돌이 됩니다. 잠시 멈추고 생각해 보세요. 혹시 자신의 모습과 닮아 있지는 않나요?

반면 성장 마인드셋을 가진 리더는 도전을 기회로 바라보고 실패를 학습 일부로 여깁니다. 이들은 실패를 통해 배우며 더 나은 결과를 얻기 위해 노력하는 데 주저하지 않습니다. 결과적으로 구성원은 이런 리더로부터 배움과 격려를 받으며 신뢰감을 느끼고 성장의 기회를 얻습니다. 성장 마인드셋을 가진 리더는 구성원이 새로운 아이디어를 제안하거나 실수했을 때 이를 문제로 삼기보다는 학습의 기회로 삼습니다. '이 번엔 이랬지만, 다음엔 더 잘할 수 있어요. 어떤 점을 개선해 볼까요?'라 고 격려하며 앞으로 나아갈 방법을 함께 모색합니다. 이런 태도는 팀원 에게 자신감을 심어 주고, 도전적인 업무를 두려워하지 않도록 합니다.

고정 마인드셋을 가진 리더는 타인의 성공을 자신의 부족함으로 느 끼며 위협으로 받아들입니다. 반면 성장 마인드셋을 가진 리더는 타인 의 성공을 교훈으로 받아들이고 이를 통해 자신과 조직의 발전 방향을 모색합니다. 동료 리더가 새로운 프로젝트를 성공적으로 이끌었다면, 성장 마인드셋의 리더는 '이 방법이 우리 팀에도 적용될 수 있을까?'라 는 질문으로 접근합니다.

성장 마인드셋은 회복탄력성과 밀접하게 연결되어 있습니다. 높은 회복탄력성을 가진 사람은 좌절이나 실패에도 불구하고 진취적으로 도 전하며 이를 성장의 기회로 삼습니다. 이들은 어려운 상황에서도 긍정 적인 태도를 유지하며 한계를 극복하는 데 필요한 에너지를 스스로 끌 어올립니다.

지금 자신의 마인드셋은 어떤 상태인가요? 고정된 생각에 갇혀 있지 는 않은가요? 아니면 실패를 두려워하지 않고 배우며 성장하고 있나요? 이 질문에 답하면서 자신의 현재 상태를 점검해 보세요. 성장 마인드셋 을 선택하는 리더는 조직과 함께 성장하며 더 큰 도약을 이루어 낼 수 있습니다.

리더의 에너지 관리, 내면의 배터리를 충전하기

코로나19 팬데믹을 겪으며 '마음 방역'이라는 말이 생겨났습니다. 감염병으로부터 몸을 보호하는 방역만큼이나 부정적인 감정으로부터 마음을 보호하는 것이 중요해졌습니다. 이런 시대적 흐름에 따라 2024년 6월에는 정신건강정책 혁신위원회에서 전 국민 마음 투자 본격 추진을 위해 정신건강정책 혁신 방안의 세부 계획과 정신건강 인식 개선 캠페인 방안을 논의하기도 했습니다. 특히 스트레스가 만연한 업무 환경 속에서 리더는 마음 방역이 더욱 절실합니다. 리더는 구성원의 문제를 살피는 역할뿐만 아니라 자신의 감정과 에너지를 관리해야 하는 위치에 있기 때문입니다.

부정적인 감정은 누구에게나 스며들 수 있습니다. 하지만 리더의 위치에서는 이런 감정이 더 큰 영향을 미칠 수 있습니다. 구성원의 성과를 칭찬하면서도 한편으로 '나보다 더 잘하는 것 같아'라는 시기심이 스친 적이 있다면 바로 내면의 배터리를 소모하는 감정 중 하나입니다. 이럴 때는 타인의 성공을 나의 자극제로 삼고 배움의 기회로 여기는 태도가 필요합니다.

리더의 성장은 자신과의 경쟁에서 시작됩니다. 시기심을 넘어서 타인의 성과를 인정하는 순간, 한층 더 단단한 리더로 거듭날 수 있습니다. 이제 내면의 배터리를 충전하기 위해 실천할 수 있는 네 가지 방법을 소개하고자 합니다.

1) 나의 에너지 레벨을 점검하기

하루를 시작하기 전, 자신의 에너지 상태를 체크해 보세요. 0부터 10까지 숫자를 기준으로 현재 에너지를 평가하는 것입니다. '오늘은 에너지 레벨이 5이다. 어제 늦게까지 야근했고, 몸이 무겁기 때문이다'라고 이렇게 하루를 시작하며 자신을 점검하는 일은 단순하지만 효과적입니다. 하루를 마칠 때도 자신의 에너지 레벨을 기록해 보세요. '아침보다 더 지쳤다' 혹은 '오히려 활력이 생겼다'는 결과를 기록하다 보면, 무엇이 나를 방전시키고 무엇이 충전시키는지 스스로 깨닫게 될 것입니다. 결국 리더는 자신의 감정과 에너지의 주인이 되어야 합니다.

2) 작은 성취감을 쌓아 보기

리더는 바쁜 하루 속에서도 작은 성취감을 느낄 수 있어야 합니다. 하루 업무를 시작할 때 꼭 해야 할 일뿐만 아니라 가볍게 달성할 수 있는 일도 함께 목록으로 적어 보세요.

> ☐ 오늘 팀원들의 의견을 경청하기
> ☐ 중요한 이메일 작성하기
> ☐ 점심시간에 스트레칭하기

다음과 같은 목록을 체크하며 하나씩 완료했다는 사실은 하루의 피로감을 상쇄시키는 힘이 됩니다. '오늘도 나쁘지 않았어, 꽤 괜찮은 하루였어'라는 자기 위로는 리더십의 큰 원동력이 되기도 합니다.

3) 업무에 대한 주도권을 되찾기

하루의 업무를 무작정 받아들이기만 한다면 마치 업무에 끌려다니는 느낌이 들 때가 있습니다. 대신 오늘의 목표를 정하고 우선순위를 분명히 해 보세요.

> □ 오전에는 팀 회의와 보고서 작성에 집중하기
> □ 오후에는 이메일 응답과 피드백 정리하기

한 주가 끝난 후 지난 업무를 돌아보는 시간을 가져 보는 것도 좋습니다. '무엇이 가장 중요한 일이었나?', '어떤 일에 에너지를 소모했는가?'를 정리하다 보면 다음 주의 계획도 자연스럽게 그려질 것입니다.

4) 나만의 회복 루틴을 만들어 보기

리더의 에너지 관리를 위해서는 자신만의 루틴 즉 충전 의식을 만들어야 합니다.

> □ 아침에 가볍게 5분 명상하고 긍정적인 다짐 적어 보기
> □ 점심시간에 짧은 산책하며 햇볕 쬐기
> □ 하루 끝에 감사한 일 떠올리며 기록하기

루틴은 단순한 행위가 아닙니다. 그것은 하루를 잘 보내기 위한 의식이자 내면의 배터리를 충전하는 습관입니다. 중요한 것은 이 루틴이 반

드시 나를 행복하게 만들 수 있어야 한다는 점입니다. 리더가 자신을 돌보지 않으면 그 여파는 조직에도 퍼지기 마련입니다. 나의 에너지가 채워져야 구성원에게도 긍정적인 영향을 미칠 수 있습니다. 이 작은 실천들이 쌓이면 내면은 더욱 단단해지고, 회복탄력성이 높아질 것입니다. 오늘부터 자신만의 방법으로 내면의 배터리를 충전해 보세요. 리더의 에너지는 자신과 조직을 위한 소중한 자원이라는 사실을 잊지 마세요.

리더를 위한 질문

- 현재의 에너지 레벨을 퍼센트로 표현한다면 몇 퍼센트인가요? 그 이유는 무엇인가요?

- 에너지 레벨을 높이기 위해 평소에 어떤 노력을 하고 있나요?

- 주로 스트레스를 느끼는 원인은 무엇인가요?

- 스트레스를 받을 때 나타나는 특징이나 행동은 무엇인가요?(예 목소리가 커진다, 결과물을 서두르게 된다 등)

- 스트레스는 팀 분위기에 어떤 영향을 미친다고 생각하나요?

- 지금까지 스트레스를 관리하기 위해 시도한 방법 중 가장 효과적이었던 것은 무엇인가요?

- 스스로를 성장 마인드셋을 가진 사람이라고 생각하나요?

어떤 리더로
기억되길 바라나요

세상이 정말 빠르게 변화하고 기술도 나날이 발전하며 새로운 세대는 독특한 가치관과 함께 조직에 들어오고 있습니다. 생성형 AI와 같은 혁신적인 도구들은 우리가 일하고 소통하는 방식을 완전히 바꿔놓고 있지요. 이런 변화 속에서 리더의 역할은 더욱더 중요해지고 있습니다. 리더는 사람과 기술을 연결하는 다리 역할을 하고 구성원에게 명확한 방향과 목표를 제시해야 하기 때문입니다.

하지만 리더로서 이러한 변화를 마주할 때 마냥 긍정적인 마음만 드는 것은 아닙니다. 변화는 준비된 사람에게는 기회의 문을 열어 주지만, 준비되지 않은 사람에게는 부담으로 다가오기 마련입니다. 특히 리더의 자리에서는 이러한 변화가 더 큰 도전으로 느껴질 수 있습니다. 한편으로 요구되는 역량이 점점 더 커지고 또 다른 한편으로는 구성원의 기대도 다양해지고 있기 때문이지요.

그래서 지금이야말로 내일을 바꿀 작은 변화를 시작할 때라고 믿습니다. 변화는 꼭 거창하고 대단한 결심에서 시작되는 것이 아닙니다. 오히려 작지만 의미 있는 행동에서 출발합니다. 오늘의 작은 실천이 내일의 큰 변화를 만들어 내듯, 리더로서의 사소한 행동 하나하나가 결국 당신의 리더십을 구성원에게 기억되게 할 것입니다.

신뢰와 조화를 이루는 리더십, TEAM

이 책에서는 리더십의 기본 원칙으로 TEAM과 LEAD라는 두 가지 키워드를 제시했습니다. 리더십의 출발점은 TEAM입니다. 리더는 팀원들과 신뢰를 쌓아야 하고, 그 신뢰를 바탕으로 더 나은 방향으로 함께 나아가는 동반자가 되어야 합니다. TEAM은 리더가 팀과 함께 성장하며 조직의 목표를 실현하기 위해 갖춰야 할 네 가지 핵심 요소를 담고 있습니다.

첫째, Trust(신뢰)입니다. 신뢰는 모든 관계의 출발점입니다. 구성원에게 진심을 보여 주고, 그들이 리더를 믿을 수 있도록 만드는 것이 리더십의 가장 중요한 기반입니다. 리더가 팀원을 진심으로 믿어 주고, 그들에게 따뜻한 지지와 격려를 아끼지 않을 때, 팀은 그 신뢰를 기반으로 어려운 상황도 함께 극복해낼 수 있습니다.

둘째, Empower(권한위임)입니다. 리더는 단순히 일을 분배하는 관리자가 아닙니다. 구성원에게 권한을 부여하고, 그들이 스스로 결정하며 성장할 수 있도록 돕는 것이 리더의 역할입니다. 책임감을 느끼고 주도적으로 문제를 해결하는 경험은 구성원을 더욱더 강하게 만듭니다. 이런 과정에서 팀의 창의성과 성과는 자연스럽게 높아지게 됩니다.

셋째, Align(조율)입니다. 다양한 배경과 경험을 가진 사람들이 모인 팀에서는 리더가 중심을 잡아 주는 조율자가 되어야 합니다. 구성원의 개성을 존중하면서도, 모두가 하나의 비전을 공유하고 같은 방향으로 나아갈 수 있도록 조율하는 것이 필요합니다. 이 과정에서 리더는 팀이 강한 결속력을 갖도록 돕고, 구성원이 자신의 역할을 명확히 이해할 수 있게 합니다.

넷째, Motivate(동기부여)입니다. 리더는 구성원에게 단순히 업무를 지시하는 존재로 그쳐서는 안 됩니다. 구성원이 더 나은 성과를 내고 자기 잠재력을 발휘할 수 있도록 끊임없이 동기를 부여해야 합니다. 진심 어린 칭찬과 격려는 팀원들에게 자신감을 심어줄 뿐만 아니라 어려운 상황에서도 도전을 이어갈 힘을 줍니다.

변화의 시대를 이끄는 리더십, LEAD

리더는 변화를 두려워하지 않고 오히려 그 변화를 이끄는 존재가 되어야 합니다. 기술이 발전하고 환경이 바뀌어도, 리더십의 중심에는 언제나 사람이 있기 때문입니다. LEAD는 리더가 변화 속에서도 팀과 함께 나아갈 수 있는 네 가지 원칙을 담고 있습니다.

첫째, Listen(경청)입니다. 리더십은 구성원의 이야기를 진심으로 듣는 것에서 시작됩니다. 구성원의 목소리를 경청하고, 그들의 고민과 생각을 이해할 때 비로소 신뢰가 쌓입니다. 단순히 듣는 것을 넘어 공감하며 마음을 나누는 과정은 리더와 구성원 간의 관계를 더욱 깊게 만듭니다.

둘째, Engage(몰입)입니다. 리더는 팀원들과 함께 목표를 설정하고 문제를 해결하며 조직의 비전을 공유해야 합니다. 구성원과 몰입해 함께 고민하고 성장하는 리더는 진정한 유대감을 형성하며 팀을 움직이는 강력한 힘을 발휘합니다.

셋째, Adapt(적응)입니다. 변화의 시대에 리더는 유연하게 사고하며 새로운 환경에 빠르게 적응해야 합니다. 동시에 팀원들에게 안정감을 주는 존재로 남아야 합니다. 변화 속에서도 흔들리지 않고 팀을 이끌기 위해 리더는 배움을 멈추지 않고 상황에 맞는 전략을 만들어 내야 합니다.

넷째, Develop(성장)입니다. 리더의 궁극적인 목표는 구성원의 성장을 돕는 것입니다. 구성원이 성장하면 팀과 조직도 자연스럽게 발전하게 됩니다. 리더는 구성원이 자기 잠재력을 발휘하며 더 큰 성과를 만들어 낼 수 있도록 환경을 조성해야 합니다.

AI 시대에도 변하지 않는 리더십의 본질

오늘날 생성형 AI와 같은 기술은 우리의 업무를 더욱 효율적으로 만들어 주고 있지만, 사람의 마음을 움직이는 일은 여전히 리더의 몫입니다. 리더는 팀원들에게 비전을 제시하고 동기를 부여하며 함께 성장할 수 있는 환경을 만들어야 합니다. 기술은 리더십을 보완하는 도구일 뿐 진정한 리더십은 결국 사람에 달려 있습니다.

이 책은 리더로서의 자신과 팀원들 사이에서의 관계를 깊이 고민하며 함께 성장할 방법을 찾고자 하였습니다. TEAM과 LEAD의 원칙이 당신의 리더십 여정에 좋은 길잡이가 되길 바랍니다.

마지막으로 묻고 싶습니다.

> **"**
>
> ## 어떤 리더로 기억되고 싶나요?
>
> **"**

이 질문이 당신의 리더십을 더욱 빛나게 하길 진심으로 응원합니다.

참고 자료

53p	Dansereau. F., Graen. G., & Haga, W. J. (1975). "A Vertical Dyad Linkage Approach to Leadership within Formal Organizations." Organizational Behavior and Human Performance, 13(1), 46-78.
55p	Oak Engage's Change Report(2023)
	Paul Z. Zak, The Neuroscience of Trust, January-February 2017, HBR
56p	R. C., Davis, J. H., & Schoorman, F.D. (1995). An integrative model of organizational trust. Academy of management review, 20(3), 709-734.
	Horsager, D. (2012). The trust edge; How top leaders gain faster results, deeper relation-ships, and a stronger bottom line.
	Frances X.Frei & Anne Morriss (2020). Begin with trust. Harvard Business Review, 98(3), 112-121.
58p	Warren G. Bennis, On Becoming a Leader(2009)
59p	Paul Z. Zak, The Neuroscience of Trust, January-February 2017, HBR
62p	Bandura, A. (1977). "Self-efficacy: Toward a unifying theory of behavioral change." Psychological Review, 84(2), 191-215.
63p	Edmondson, A. (1999). "Psychological safety and learning behavior in work teams." Administrative Science Quarterly, 44(2), 350-383.
77p	Katz, D, & Kahn, R. L. (1978). The social psychology of organizations(2nd ed.). New York: Wiley.
84p	Schwartz, D. et. al. (2019.8.7.). "Finding the right remedy for poor organizational perfor-mance". Bain & Company.
	Laura Gassner Otting(2022). How to re-engage a dissatisfied employee. HBR.
86p	E. A. Locke and G. P. Latham, 《A theory of goal setting and task performance》, New Jersey; Prentice-Hall, 1990
87p	로버트 여키스(Robert M. Yerkes), 존 도슨(John Dillingham Dodson)(1908). 춤추는 쥐에 대한 연구(The Dancing Mouse: A Study in Animal Behavior
92p	《OKR 파워》 가인지캠퍼스 컨설팅 연구소, 김경민, 김수진, 신주은, 가인지북스, 2020
107p	동아비즈니스리뷰 373호, 2023
	《켄 블랜차드의 상황대응 리더십 2 바이블》, 켄 블랜차드, 조천제, 김윤희 옮김, 21세기북스, 2007
125p	Daniel pink(2009). TED, The puzzle of motivation.
132p	Leonela Krajac,Jasminka Samardzija,Workplace motivation across X,Y,Z and Z generations: An organization behavior perspective
134p	Leonela Krajac,Jasminka Samardzija,Workplace motivation across X,Y,Z and Z generations: An organization behavior perspective
135p	Leonela Krajac,Jasminka Samardzija,Workplace motivation across X,Y,Z and Z generations: An organization behavior perspective
136p	Charn P. McAllister and Curtis L. Odom(2023). MIT Sloan management review, 'Job, Career, or Purpose'
140p	IBM Institute for Business Value(IBV). C-Suite Study 2012
168p	〈수사경찰의 멘토링이 직무태도에 미치는 영향에 관한 연구〉, 박주상, 조호대, 한국경찰학회보, 2011

177p　《세종 실록 밖으로 행차하다》, 박현모, 푸른역사, 2007
　　　Gallup Workplace Poll(2024)
193p　《가트맨의 부부감정 치유》, 존 가트맨, 낸 실버, 최성애 번역, 조벽 감수, 을유문화사, 2014
198p　〈공공기관에서 상사의 진성 리더십이 구성원의 혁신행동에 미치는 영향: 상사신뢰와 향상초점의
　　　조절된 매개효과를 중심으로〉, 김재영, 이병욱, 임종진, 윤동열, 대한경영학회지, 2020
　　　〈리더-구성원 교환 관계와 심리적 안녕감의 비선형적 관계: 조절 초점과 자율성지지 환경의 조
　　　절효과〉, 정예슬, 대한경영학회지, 2023
199p　〈변칙적 행동에 대한 작업 과부하, 향상 초점, 경쟁 인식의 상호작용 및 팀 수준 반생산적 풍토의
　　　영향〉, 이진욱, 한태영, 한국심리학회지, 2021
211p　Lauren Parsons, 「Conscious unbossing」, Robert Wlters, 2024. 9. 24, https://www.robert
　　　walters.co.uk/insights/news/blog/conscious-unbossing.html
219p　Robert S. Eliot & Dennis L. Breo (2010). Is it worth dying for? How to make stress work for
　　　you. Bantam.
222p　This two-dimensional model of conflict-handling behavior is adapted from "Conflict and
　　　Conflict Management" by Kenneth Thomas in The Handbook of Industrial and Organi
　　　-zational Psychology, edited by Marvin Dunnette (Chicago: Rand McNally, 1976). Another
　　　valuable contribution in this field is the work by Robert Blake and Jane Mouton in The
　　　Managerial Grid (Houston: Gulf Publishing, 1964, 1994)
224p　Rahim, M. A. (1983). Rahim Organizational Conflict Inventory-II : A conceptualization and a
　　　measure.
　　　The International Journal of Conflict Management, 1(1), 55-71.
239p　〈심리학회보(Psychological Bulletin)〉, 미국 심리학회, 2009
240p　《조직의 성과를 이끌어 내는 리더십》, 다니엘 골먼 외 19인, 이덕주 옮김, 매경출판, 2015
244p　《존 맥스웰 리더십 불변의 법칙》, 존 맥스웰, 박영준 옮김, 비즈니스북스, 2023
251p　〈리더십의 핵심은 뭘 해야 할지가 아닌 뭘 안다고 해야 할지를 알려주는 것〉, 동아비즈니스리뷰
　　　394호, 2024
253p　《아웃사이트》, 허미니아 아이바라, 이영래 옮김, 시그마북스
　　　Hogan, R. (2017). Personality and the fate of organization. Psychology Press
254p　허미니아 아이바라 : 예일대 박사, 세계적인 경영대학원 인시아드(INSIAD)의 조직행동론 교수
256p　https://ashlynoz.tistory.com/520
260p　〈성취주의 문화의 위험성〉, 아냐 G. 위스코프스키, 2023
265p　《CEO와 직장인을 위한 스트레스 솔루션》, 닥 췰드리 외 1인, 하영목 옮김, 들녘미디어, 2004
266p　카우아이 섬 종단연구(Kauai Longitudinal Study), 에미 워너(Emmy Werner), 루스 스미스(Ruth
　　　Smith)(1955)
　　　《회복탄력성》, 김주환, 위즈덤하우스, 2019
268p　《나와 우리 아이를 살리는 회복탄력성》. 최성애, 해냄, 2014
272p　《옵션 B》, 셰릴 샌드버그, 애덤 그랜트, 안기순 옮김, 와이즈베리, 2017
273p　《회복탄력성이 높은 사람들의 비밀》, 조앤 보리센코, 안진희, 이마고, 2011
275p　Gallup. 2023년 글로벌 직장 현황 보고서(State of the Global Workplace: 2023 Report)
280p　Bodily maps of emotions(2013). 미국 국립과학원회보(PNAS)
287p　《마인드셋》, 캐럴 드웩, 김준수 옮김, 스몰빅라이프, 2017